HEINRICH HEINE

Doch Hamburg hat bessere Austern

Eine literarische Stadtrundfahrt

Herausgegeben von
Jan-Christoph Hauschild

HOFFMANN UND CAMPE

Dies ist eine Textauswahl aus dem Buch Heinrich Heine:
Im Pavillon am Jungfernstieg. Eine literarische
Reise von Helgoland bis in den Harz,
herausgegeben von Jan-Christoph Hauschild,
erschienen 2006 im Hoffmann und Campe Verlag, Hamburg.

1. Auflage 2014
Copyright © 2014 by Hoffmann und Campe Verlag, Hamburg
www.hoca.de
Gesetzt aus der Sabon
Satz: pagina GmbH, Tübingen
Druck und Bindung: GGP Media GmbH, Pößneck
Printed in Germany
ISBN 978-3-455-40333-6

HOFFMANN
UND CAMPE

Ein Unternehmen der
GANSKE VERLAGSGRUPPE

INHALT

Schöne Wiege meiner Leiden,
Schönes Grabmal meiner Ruh,
Schöne Stadt, wir müssen scheiden, –
Lebe wohl, ruf ich dir zu.

Lebe wohl, du heilge Schwelle,
Wo da wandelt Liebchen traut;
Lebe wohl! du heilge Stelle,
Wo ich sie zuerst geschaut.

Hätt ich dich doch nie gesehen,
Schöne Herzenskönigin!
Nimmer wär es dann geschehen,
Daß ich jetzt so elend bin.

Aus: *Buch der Lieder: Junge Leiden, Lieder, V*

Frei heraus: Heinrich Heine war Hamburger. Gewiß, in Düsseldorf ist er geboren, vermutlich um die Jahreswende 1797/98, wer weiß das so genau (die behaupten, es genau zu wissen: 13. 12. 1797, am wenigsten). Aber nach seinem Abschiedsbesuch im September 1820 hat Heine seine Vaterstadt nie wiedergesehen. Hamburg dagegen betrachtete er, so überliefert es sein Freund Heinrich Laube, »immer« als seine »spezielle Heimat«, ihr galten auch seine beiden einzigen Deutschlandreisen, die er von Paris aus 1843 und 1844 unternahm. All dem zum Trotz ist sein Verhältnis zur

»seelenlosen Schacherstadt« an der Elbe stets überaus konfliktreich gewesen. Ja, gerade deswegen.

Hier war es, wo er im Kreis naher Verwandter seine erste große Liebe fand, wo er eine zweijährige Lehrzeit absolvierte und anschließend, im Auftrag seines Vaters, aber unter eigener Firma, englische Fabrikware verkaufte und nach kurzer Zeit, ohne eigene Schuld, aber mit Eklat, scheiterte. Hier begann er mit ersten Gedichtveröffentlichungen seine literarische Laufbahn, hier fand er 1826 in Julius Campe seinen deutschen Hauptverleger. Last not least war er – fast – Hamburger Staatsbürger: Als er 1818 die provisorische Aufnahme in die jüdische Gemeinde Hamburgs erlangte, kam das einem Quasi-Bürgerrecht gleich.

Heines Verhältnis zur Hamburger Judenschaft stand unter dem Patronat seiner reichen Hamburger Verwandten. Zu einer regelrechten Integration kam es jedoch nicht; Heine betrieb sie auch nicht. Das war zweifellos die Folge der liberalen und unorthodoxen Erziehung, die er im Elternhaus genossen hatte. Sie war von einer gewissen Distanz zu allem Jüdischen und insbesondere zur jüdischen Religion geprägt. Dennoch dürfte er gelegentlich den Gottesdienst in der Reformsynagoge besucht haben: Angeregt durch Reformbestrebungen Berliner Juden, hatten über sechzig Hamburger, darunter Bekannte und Verwandte Heines, den »Neuen Israelitischen Tempelverein in Hamburg« gegründet, dem sich auch Salomon Heine anschloß. Die Prediger der Reformsynagoge, Eduard Kley und Gotthold Salomon, und ihren Gegenspieler, den Orthodoxen Isaak ben Jakob Bernays, sowie den Hamburger Zuckermakler Gerson Gabriel Coh(e)n, einen Anhänger der jüdischen Reformbewegung, erwähnt Heine in Briefen an Moses Moser vom 23. August und 27. September 1823.

Moser gegenüber, einem Bankangestellten, der sein engster Berliner Freund geworden war, nahm Heine auch zahlreiche Vertreter der deutsch-jüdischen kulturellen Symbiose in Berlin aufs Korn, so den Universitätsjuristen Eduard Gans, der im Anschluß an Hegel das Recht der praktischen Vernunft vertrat, Leopold Zunz, der 1822 die *Zeitschrift für die Wissenschaft des Judentums* begründete, den Orientalisten Ludwig Marcus, den Journalisten Joseph Lehmann und den Pädagogen Immanuel Wohlwill (ursprünglich Joël Wolf, Spitzname »Monas«), der 1823 als Tempelpredigeradjunkt und Lehrer der israelitischen Freischule nach Hamburg ging. Ebenso wie in der Diskussion um die Hamburger Reformsynagoge nahm Heine im innerjüdischen Streit für die Traditionalisten Stellung, die ihm »kraftvoller« erschienen als die Reformer David Friedländer, Israel Jacobsohn, Lazarus Bendavid, Isaak Levin Auerbach und dessen Bruder Baruch Auerbach, die eine radikale Reform des Judentums, seine Modernisierung und Assimilation anstrebten.

15 Hamburg-Aufenthalte zwischen 1814/15 und 1843 hat der verdienstvolle Heineforscher Joseph A. Kruse in seiner Studie über *Heines Hamburger Zeit* gezählt, was aneinandergereiht eine Aufenthaltsdauer von mehr als sechs Jahren ergäbe. Die Freie und Hansestadt, die auf eine lange republikanische Tradition zurückblickte, hatte damals bereits um 130.000 Einwohner; bis 1830 kamen noch einmal 40.000 dazu. Handel, Seefahrt, Schiffbau und Hafen machten Hamburg zur größten Handelsmetropole nicht nur Deutschlands, sondern bald auch des Kontinents. Hier befand sich der größte Silbermarkt Europas, neben dem Warenhandel hatte hier das Wechselgeschäft ein bedeutendes Zentrum.

Zunächst absolvierte Harry Heine, wie er bis zu seiner protestantischen Taufe 1825 hieß, von 1816 bis 1818 eine zweijährige Lehrzeit im Kontor des Hamburger Bankhauses Heckscher & Co., an dem sein Onkel Salomon, ein jüngerer Bruder seines Vaters, beteiligt war: ein energischer Geschäftsmann, ein gläubiger Jude mit viel Familiensinn, ein Philanthrop und Wohltäter nicht nur der eigenen Verwandtschaft, dessen nachgelassenes Vermögen 1843 auf umgerechnet 210 Millionen Euro beziffert wurde. Als Stifter des Israelitischen Krankenhauses (Simon-von-Utrecht-Straße 2; das Gebäude dient heute kommunalen Verwaltungszwecken) hat ihn Heine in einem Gedicht porträtiert. Seine Villa »mit Turm und Zinne« am Elbufer im damals dänischen Ottensen war ein Zentrum vornehmer hanseatischer Lebenskultur, ein offenes Haus, in dem Schriftsteller, Schauspieler und Tonkünstler verkehrten. Hintersinnig heißt es in der dritten Abteilung der *Nordsee*, Salomo »hatte immer eine besondere Liebhaberey für Gold und Affen«.

Für Heine war es im Rückblick vor allem ein Ort schwerer Demütigungen und Diffamierungen: »Affrontenburg« nannte er in einem späten Gedicht den Schauplatz seiner Leiden, von dem heute nur noch das 1832 errichtete Gärtnerhaus erhalten ist (Elbchaussee 31). Heftig reagierte er beispielsweise 1826 auf eher gutgemeinte Versuche seines Schwagers Moritz Embden und des Hamburger Bekannten Coh(e)n, Salomon Heine auf die problematische Situation seines Neffen aufmerksam zu machen, mit dem Ziel, ihn zu seinem eigenen Besten von Hamburg zu »entfernen«. Beeinflußt von ihm übelwollenden Familienmitgliedern und Gästen, so faßte er 1837 zusammen, habe dort »von jeher« eine dem todesschwangeren Dunst mittelitalienischer Sümpfe vergleichbare feindliche Atmosphäre geherrscht, »die meinen guten Leumund verpestete«.

Im Juni 1818 richtete ihm sein Vater in zentraler Lage (südlich vom Jungfernstieg, in der Nähe von Rathaus und Börse) und als Filiale des eigenen Tuchgeschäfts in Düsseldorf eine Kommissionshandlung für englische Manufakturwaren ein: »Harry Heine et Comp.«; Salomon dürfte für das nötige Gründungskapital gesorgt haben. In Düsseldorf nicht abgesetzte Waren wurden hier verkauft. Heine sollte nun aktiv an der Erhaltung des von der Wirtschaftskrise bedrohten Familienbetriebs mitwirken. Doch Samson Heines »Ellen- und Modewaarenhandlung« am Rhein steuerte längst dem Bankrott entgegen. Bereits kurz nach Eröffnung des Hamburger Geschäfts war er endgültig zahlungsunfähig; seine verzweifelten Rettungsversuche ließen den Schuldenberg nur immer weiter anwachsen. Hinzu kam eine psychische Erkrankung, die ihn am Ende völlig handlungsunfähig machte. Als seine Außenstände auf 100.000 Taler angewachsen waren, zog sein Bruder Salomon die Notbremse und ließ seinen Bruder für geisteskrank und geschäftsunfähig erklären und entmündigen, womit auch das Schicksal der Kaufmannskarriere von Harry Heine besiegelt war.

Der innerfamiliäre Konflikt wurde noch zusätzlich angefacht durch eine einseitige, für Heine unglückliche Liebesbeziehung zu Amalie, der zweitjüngsten Tochter des Millionärsonkels. Für sie scheint er sich schon in seiner Düsseldorfer Zeit interessiert zu haben; in Hamburg forcierte er sein Begehren. Es war eine unmögliche Liebe; der hanseatische »Engel« hielt den Vetter auf deutlicher Distanz. Die Poesie war dessen Trost: Im Februar 1817 veröffentlichte die Zeitschrift »Hamburgs Wächter« die ersten Gedichte des Kaufmannslehrlings, der sich noch hinter dem Anagramm *Sy. Freudhold Riesenharf* (gebildet aus: Harry Heine, Dusseldorff) verbarg.

1819 verließ Heine Hamburg und kehrte zunächst ins Elternhaus zurück. In einem Abschiedsgedicht verklärte er die Stadt zur »schönen Wiege« seiner »Leiden«. Von der emotionalen Bindung an die Elbmetropole, einem Gemenge aus schicksal- wie schuldhaften Verstrickungen, Sehnsüchten, Enttäuschungen und Verletzungen, vermochte er sich zeitlebens nicht zu befreien; darüber zu sprechen, hieß Schuld zuzuweisen. Wem auch immer die Vorwürfe gegolten hätten: Es wäre jemand aus der Familie gewesen. Und das konnte nicht Heines Absicht sein, zumal er dieser Familie außerordentlich viel verdankte.

Gleichzeitig endete auch die Düsseldorfer Zeit der Familie Heine, die nach einer Zwischenstation in Oldesloe 1822 ihren dauernden Wohnsitz in Lüneburg nahm, ehe sie im Frühsommer 1828 zu ihren Verwandten an die Elbe zog. Wegen des wirtschaftlichen und gesundheitlichen Ausfalls Samson Heines nahm nun der Hamburger Onkel die Geschicke seiner Verwandten in die Hand und förderte sie auf großzügige Weise. Die Eltern wurden mit einer Jahresrente versorgt, die Kinder mit Ausbildungsstipendien ausgestattet: Für Harry, den Ältesten, fiel die Wahl auf das Studium der sozial besonders exklusiven Jurisprudenz (anfangs zusätzlich auch der Nationalökonomie); in Verbindung mit der dann fast unausweichlichen Taufe versprach ein juristisches Examen Aussicht auf einen Posten im Staats- und Verwaltungsdienst oder zumindest auf eine Advokatur. Heines Bruder Gustav erhielt die Mittel zur praktischen Ausbildung als Landwirtschaftsinspektor, Maximilian, der jüngste der Brüder, nahm ein Medizinstudium auf. Die Schwester Charlotte, mit der Heine

eine innige Geschwisterliebe verband, heiratete 1823 den Hamburger Indigo-Makler Moritz Embden (1790–1866), einen weitläufigen Verwandten.

Zwar verlangte die soziale Konvention von Salomon Familiensolidarität, weshalb er Heine auch nach Beendigung des Studiums öfter Geldbeträge zukommen ließ. Dessen Lebensunterhalt komplett bzw. zu einem beträchtlichen Teil zu übernehmen, weigerte er sich lange; seinen Zahlungen lagen außerordentliche Anlässe zugrunde. Erst nach anderthalbjährigem Zerwürfnis und äußerst schwierigen Verhandlungen gelang es Heine im Herbst 1838, von seinem Onkel eine feste Zusage über einen jährlichen, ab Januar 1839 zu entrichtenden Unterhaltszuschuß in Höhe von 4000 Francs zu erhalten, der nach seiner Eheschließung 1841 auf 4800 Francs erhöht wurde. Zu einer echten Anerkennung der außerhalb der materiellen Sphäre liegenden Leistungen seines Neffen wollte sich Salomon Heine jedoch nicht durchringen, weshalb diese Unterstützung etwas Zweideutiges behielt, von dem Heine sich prinzipiell freizumachen suchte, was ihm freilich nicht gelang.

Wie ein Blitzschlag traf ihn dann der Versuch des Hamburger Familienclans, die Pension nach Salomons Tod am 23. Dezember 1844 um die Hälfte zu kürzen und auch noch die Auszahlung dieser Hälfte an gewisse Bedingungen zu knüpfen; absolute Loyalität, Sparsamkeit und Einschränkung sollten von nun an gelten. Erst von einer Falschmeldung über Heines vermeintlichen Tod aufgeschreckt, lenkte Carl Heine im Herbst 1846 ein: Im Februar 1847 sicherte er seinem Cousin die ungekürzte Fortzahlung der ursprünglichen Jahresrente auf Lebzeiten zu; außerdem erklärte er sich bereit, nach Heines Tod die Hälfte der Pension an seine Witwe weiterzuzahlen.

Eigenem Verständnis nach hatte Heine jedoch durch seine literarische Tätigkeit, die seiner Familie zu gesellschaftlicher Ehre gereichte, Anspruch auf Unterstützung, und daher war sein immerwährender Kampf um diese Gelder auch ein Kampf um seine Identität und Akzeptanz als Schriftsteller. Der Wille, es den Hamburger »Pfeffersäcken« zu zeigen, ihrem kommerziell-materiellen Erfolg einen geistig-literarischen entgegenzusetzen, wurde zu einem der wichtigsten Antriebe seiner literarischen Tätigkeit. Und es war der Hamburg-Komplex aus Familie, Beruf und Erotik mitsamt dem Widerspruch der gleichzeitig erwünschten und verhaßten finanziellen Abhängigkeit, der Hamburg für Heine zu einem immer wiederkehrenden Thema, seine Bürgerinnen und Bürger zu Zielscheiben seines Spottes und seine reichen Verwandten vielfach zu heimlichen Adressaten von Witzen und Anspielungen werden ließ. So, als er 1832 bei Gelegenheit einer kleinen biographischen Untersuchung über den englischen Politiker George Canning erläuterte, dieser sei »geboren von unglücklichen Eltern; späterhin, aus dem kleinen Elend der Armut in das größere Elend einer glänzenden Abhängigkeit übergehend, erduldete er die Unterstützung eines Oheims«.

Von den außerordentlich zahlreichen Hamburg-Reminiszenzen in Heines Werk sind an erster Stelle das humoristische Romanfragment *Aus den Memoiren des Herren von Schnabelewopski* zu nennen. Erzählt werden Stationen aus der fiktiven Biographie eines polnischen Adeligen, den das Schicksal aus seiner polnischen Heimat zunächst nach Hamburg führt, das hier als Hochburg einer saturierten Bürgerlichkeit erscheint. *Die Bäder von Lucca*, in deren Mittelpunkt die mit sorgfältiger Gemeinheit gearbeitete, ebenso grandiose wie flegelhafte Polemik gegen den Dichter August von Platen steht, schildern die Begegnung mit zwei Hamburgern, dem unsterblichen Pärchen Gumpelino/Hirsch-Hyazinth, für die offensichtlich Don Quixote und Sancho Pansa Pate standen.

In den *Florentinischen Nächten*, einer erotischen Konversationserzählung, mit der er an die spätromantische Erzählkunst und die Literatur der »Schwarzen Romantik« anknüpfte, schrieb Heine ausführlich und mit großer dichterischer Freiheit über ein Konzert, das Niccolò Paganini, der »Vampir mit der Violine«, im Hamburger Komödienhaus im Frühsommer 1830 gegeben hatte. Neben einem großen dreisätzigen Violinkonzert waren die »Sonata militaire auf der G-Saite« und »Nel cor piu non mi sento« erklungen; Kompositionen des »wunderbaren Meisters«, die beim Erzähler eine Kette halluzinatorischer Erscheinungen hervorrufen.

Endlich die Hamburg-Kapitel XX bis XXVI in *Deutschland. Ein Wintermärchen*, denen noch ein Caput über Bückeburg und Hannover, die Geburtsorte seines Urgroßvaters bzw. Großvaters, vorangeht. Diese »versifizierten Reisebilder«, in denen Heine ein düsteres Bild von Deutschlands Gegenwart und ein noch dunkleres von seiner Zukunft entwarf, waren sein eingehendster und brisantester Beitrag zur Deutschland- und Preußendiskussion der vierziger Jahre. Witz und Pathos, Ideologie und Satire stehen hier in einem beständigen Wechselspiel. Inhalt und Intention des in der Zeit des persönlichen Umgangs mit Karl Marx entstandenen Werks umriß Heine in einem Brief an Julius Campe vom 17. April 1844: »Es ist ein gereimtes Gedicht, welches [...] die ganze Gärung unserer deutschen Gegenwart, in der kecksten, persönlichsten Weise ausspricht. Es ist politisch romantisch und wird der prosaisch bombastischen Tendenzpoesie hoffentlich den Todesstoß geben.«

Beobachtend und reflektierend beschrieb Heine, der seine Kenntnisse auf seiner Deutschlandreise im Herbst 1843 hatte auffrischen können, anhand der kapitelstrukturierenden Reisestationen die politische Realität seines Vaterlandes. Er reagierte damit auf den faktischen Machtzuwachs und die Hegemoniebestrebungen Preußens, das sich seit der Thronbesteigung Friedrich Wilhelms IV. als Zentrum der politischen Restauration etablierte und auf einen autoritären Nationalstaat zusteuerte. Hellsichtig erkannte er die Gefahren eines sich modern gebärdenden, bis an die Zähne bewaffneten Nationalstaats, der die politischen Strukturen des Mittelalters zu restaurieren suchte.

Gemessen an der beißenden, akzentuierten Aggressivität des Werks sind die Hamburg-Kapitel bei allem Spott durch eine sympathisierende Grundstimmung charakterisiert. Zum einen ist diese dem Wohnort von Mutter und Onkel sowie des Verlegers geschuldet. Zum andern wurde sie wohl auch durch den verheerenden Brand vom 5. bis 8. Mai 1842 veranlaßt, über den Heine seinerzeit als Paris-Korrespondent der *Allgemeinen Zeitung* berichtet hatte. Damals waren 51 Tote und über 100 Verletzte zu beklagen gewesen, ein Drittel der Innenstadt brannte ab, rund 20.000 Menschen waren dadurch obdachlos geworden. Der Wiederaufbau kam mit Hilfe internationaler Solidarität rasch in Gang, aber er machte das alte, Heine vertraute Stadtbild unkenntlich, drohte einen Teil seines Jugendlebens auszulöschen: »Es wird doch nicht mehr mein altes Hamburg sein, mein altes, schiefwinklichtes, schlabbriges Hamburg!«

Zur Beschreibung dieses alten Hamburg griff Heine auf

zahlreiche hanseatische Spezifika zurück, die uns schon aus den *Memoiren des Herren von Schnabelewopski* vertraut sind. Ursprünglich vorgesehen war darüber hinaus noch eine Aufzählung von Prostituierten aus der anrüchigen Schwiegerstraße, wo die Edelbordelle lagen. Sie fiel jedoch der Selbstzensur zum Opfer. Erstmals veröffentlicht wurden diese Verse in den *Memoiren einer Prostituierten in Hamburg. Nach dem Originalmanuscript bearbeitet von Dr. J. Zeisig, Hamburg-Altonaer Volksbuchhandlung in St. Pauli 1847.* Verfasser- und Verlagsangabe sind fingiert: verlegt wurden die Memoiren von Hoffmann und Campe, der Druck erfolgte in Leipzig.

Wir wissen von Heine selbst, daß er in Hamburg, der »großen Rechenstube«, die sich nachts in »ein großes Bordell« verwandelte, gelegentlich Prostituierte aufsuchte, stellten sie doch eines seiner »gewöhnlichen Hausmittel« gegen »körperliches Unwohlsein« und »geistiges Mißbehagen« dar. Dem Berliner Freund Moses Moser gestand er am 11. Juli 1823, »vorgestern nach Mitternacht« habe er Ablenkung von seinem »infernalen Brüten« gesucht und auf der Suche nach einer Entspannungsmöglichkeit »die bekannten Schmutzgassen Hamburgs durchwandelt«. Die meisten Huren traf man auf der anrüchigen Drehbahn, dem Vergnügungsviertel des Hamburger Bergs (später unter dem Namen St. Pauli bekannt) und vor dem Dammtor in Hamburg. Ob darunter auch »die lange Mahle« und »die falsche Marianne«, »die Braunschweiger Mummen-Friedrike« und »die rote Sophie«, »Posaunengel-Hannchen« und »Pique-As-Louise«, »Kuddelmuddel-Marie« und »Dragonerkathrine«, »die große Malvine«, »die keusche Susanne« und »Strohpuppenjette« waren, ist zumindest wissenschaftlich nicht nachzuweisen.

Die Auseinandersetzungen um *Deutschland. Ein Wintermärchen* können als Musterbeispiel für das gespannte Verhältnis zwischen dem Autor Heine und dem Verlag Hoffmann und Campe auf der einen, Polizei, Zensur und Justiz auf der anderen Seite gelten. Vom Pariser Entwurf bis zum Hamburger Druck, den Heine 1844 vor Ort selbst betreuen konnte, mußte der Text eine Zensurinstanz nach der anderen überwinden: angefangen von nachträglichen Skrupeln des Autors über Einwände aus dem Umkreis des Verlegers bis zu letzten Umarbeitungen, denen direkte Verhandlungen mit dem beauftragten Hamburger Zensor vorausgegangen waren, und bei jeder dieser Instanzen verlor der Text, wenngleich nicht entscheidend, an Brisanz und Drastik. Ein drastischer Hinweis darauf erfolgt in den Schlußversen von Caput XXVI, wo dem Ich-Erzähler, nachdem er in Hammonias Nachttopf Deutschlands Zukunft erblickt hat, im Zuge einer grotesken Gratulationsprozession der Hamburger Honoratioren von dem Zensor Hoffmann mit der Schere »ins Fleisch« geschnitten, »die beste Stelle« entfernt, der politische Schriftsteller kastriert wird.

Weiterführende Literatur:

Walther Vontin (Hrsg.): Heinrich Heine. *Schöne Wiege meiner Leiden. Hamburgische Miniaturen*, Hamburg, 2. Auflage 1981.

Jan-Christoph Hauschild/Michael Werner: *»Der Zweck des Lebens ist das Leben selbst«. Heinrich Heine. Eine Biographie.* Erweiterte Neuausgabe, Frankfurt/Main 2005.

Joseph A. Kruse: *Heines Hamburger Zeit,* Hamburg 1972 (= Heine Studien), zugl. Phil. Diss. Universität Bonn 1972.

Mein erster Ausflug, als ich Schnabelewops verließ, war nach Deutschland, und zwar nach Hamburg, wo ich sechs Monat blieb, statt gleich nach Leiden zu reisen und mich dort nach dem Wunsche meiner Eltern, dem Studium der Gottesgelahrtheit zu ergeben. Ich muß gestehen, daß ich während jenes Semesters mich mehr mit weltlichen Dingen abgab als mit göttlichen.

Die Stadt Hamburg ist eine gute Stadt; lauter solide Häuser. Hier herrscht nicht der schändliche Macbeth, sondern hier herrscht Banko. Der Geist Bankos herrscht überall in diesem kleinen Freistaate, dessen sichtbares Oberhaupt ein hoch- und wohlweiser Senat. In der Tat, es ist ein Freistaat, und hier findet man die größte politische Freiheit. Die Bürger können hier tun was sie wollen, und der hoch- und wohlweise Senat kann hier ebenfalls tun was er will; jeder ist hier freier Herr seiner Handlungen. Es ist eine Republik. Hätte Lafayette nicht das Glück gehabt, den Ludwig Philipp zu finden, so würde er gewiß seinen Franzosen die hamburgischen Senatoren und Oberalten empfohlen haben. Hamburg ist die beste Republik. Seine Sitten sind englisch, und sein Essen ist himmlisch. Wahrlich, es gibt Gerichte zwischen den Wandrahmen und dem Dreckwall, wovon unsere Philosophen keine Ahnung haben. Die Hamburger sind gute Leute und essen gut. Über Religion, Politik und Wissenschaft sind ihre respektiven Meinungen sehr verschieden, aber in Betreff des Essens herrscht das schönste Einverständnis. Mögen die christlichen Theologen dort noch so sehr streiten über die Bedeutung des Abendmahls; über die Bedeutung des Mittagmahls sind sie ganz einig. Mag es unter den Juden dort eine Partei geben, die das Tischgebet auf deutsch spricht, während eine andere es auf hebräisch absingt; beide Parteien essen und essen gut und wissen das Essen gleich richtig zu beurteilen. Die Advokaten, die Bratenwender der Gesetze, die so lange die Gesetze wenden und anwenden, bis ein Braten für sie dabei abfällt, diese mögen noch so sehr streiten: ob die Gerichte öffentlich sein sollen oder nicht; darüber sind sie einig, daß alle Gerichte gut sein müssen, und jeder von ihnen hat sein Leibgericht. Das Militär denkt gewiß ganz tapfer spartanisch, aber von der schwarzen Suppe will es doch nichts wissen. Die Ärzte, die in der Behandlung der Krankheiten so sehr uneinig sind und die dortige Nationalkrankheit, (nämlich Magenbeschwerden) als Brownianer durch noch größere Portionen Rauchfleisch, oder als Homöopathen durch 1/10.000 Tropfen Absinth in einer großen Kumpe Mockturtlesuppe zu kurieren pflegen, diese Ärzte sind ganz einig wenn von dem Geschmacke der Suppe und des Rauchfleisches selbst die Rede ist. Hamburg ist die Vaterstadt des letztern, des Rauchfleisches, und rühmt sich dessen, wie Mainz sich seines Johann Fausts und Eisleben sich seines Luthers zu rühmen pflegt. Aber was bedeutet die Buchdruckerei und die Reformation in Vergleichung mit Rauchfleisch? Ob beide ersteren genutzt oder geschadet, darüber streiten zwei Parteien in Deutschland; aber sogar unsere eifrigsten Jesuiten sind eingeständig, daß das Rauchfleisch eine gute, für den Menschen heilsame Erfindung ist.

Hamburg ist erbaut von Karl dem Großen und wird bewohnt von 80.000 kleinen Leuten, die alle mit Karl dem

Großen, der in Aachen begraben liegt, nicht tauschen würden. Vielleicht beträgt die Bevölkerung von Hamburg gegen 100.000; ich weiß es nicht genau, obgleich ich ganze Tage lang auf den Straßen ging um mir dort die Menschen zu betrachten. Auch habe ich gewiß manchen Mann übersehen, indem die Frauen meine besondere Aufmerksamkeit in Anspruch nahmen. Letztere fand ich durchaus nicht mager, sondern meist sogar korpulent, mitunter reizend schön, und im Durchschnitt, von einer gewissen wohlhabenden Sinnlichkeit, die mir beileibe! nicht mißfiel. Wenn sie in der romantischen Liebe sich nicht allzu schwärmerisch zeigen und von der großen Leidenschaft des Herzens wenig ahnen: so ist das nicht ihre Schuld, sondern die Schuld Amors, des kleinen Gottes, der manchmal die schärfsten Liebespfeile auf seinen Bogen legt, aber aus Schalkheit oder Ungeschick viel zu tief schießt, und statt des Herzens der Hamburgerinnen nur ihren Magen zu treffen pflegt. Was die Männer betrifft, so sah ich meistens untersetzte Gestalten, verständige kalte Augen, kurze Stirn, nachlässig herabhängende, rote Wangen, die Eßwerkzeuge besonders ausgebildet, der Hut wie festgenagelt auf dem Kopfe, und die Hände in beiden Hosentaschen, wie einer der eben fragen will: was hab ich zu bezahlen?

Zu den Merkwürdigkeiten der Stadt gehören: 1) Das alte Rathaus, wo die großen Hamburger Bankiers, aus Stein gemeißelt und mit Zepter und Reichsapfel in Händen, abkonterfeit stehen. 2) Die Börse, wo sich täglich die Söhne Hammonias versammeln, wie einst die Römer auf dem Forum, und wo über ihren Häuptern eine schwarze Ehrentafel hängt mit den Namen ausgezeichneter Mitbürger. 3) Die schöne Marianne, ein außerordentlich schönes Frauenzimmer, woran der Zahn der Zeit schon seit zwanzig Jahren kaut – nebenbei gesagt, »der Zahn der Zeit« ist eine schlechte Metapher, denn sie ist so alt, daß sie gewiß keine Zähne mehr hat, nämlich die Zeit – die schöne Marianne hat vielmehr jetzt noch alle ihre Zähne und noch immer Haare darauf, nämlich auf den Zähnen. 4) Die ehemalige Zentralkassa. 5) Altona. 6) Die Originalmanuskripte von Marrs Tragödien. 7) Der Eigentümer des Rödingschen Kabinetts. 8) Die Börsenhalle. 9) Die Bacchushalle, und endlich 10) das Stadttheater. Letzteres verdient besonders gepriesen zu werden, seine Mitglieder sind lauter gute Bürger, ehrsame Hausväter, die sich nicht verstellen können und niemanden täuschen, Männer die das Theater zum Gotteshause machen, indem sie den Unglücklichen, der an der Menschheit verzweifelt, aufs wirksamste überzeugen, daß nicht alles in der Welt eitel Heuchelei und Verstellung ist.

Bei Aufzählung der Merkwürdigkeiten der Republik Hamburg kann ich nicht umhin zu erwähnen, daß zu meiner Zeit, der Apollosaal auf der Drehbahn sehr brillant war. Jetzt ist er sehr heruntergekommen, und es werden dort philharmonische Konzerte gegeben, Taschenspielerkünste gezeigt und Naturforscher gefüttert. Einst war es anders! Es schmetterten die Trompeten, es wirbelten die Pauken, es flatterten die Straußfedern, und Heloise und Minka rannten durch die Reihen der Oginskipolonäse, und alles war sehr anständig. Schöne Zeit, wo mir das Glück lächelte! Und das Glück hieß Heloise! Es war ein süßes, liebes, beglückendes Glück mit Rosenwangen, Liliennäschen, heißduftigen Nelkenlippen, Augen wie der blaue Bergsee, aber etwas Dummheit lag auf der Stirne, wie ein trüber Wolkenflor über einer prangenden Frühlingslandschaft. Sie war schlank wie eine Pappel und lebhaft wie ein Vogel, und ihre Haut war so zart, daß sie zwölf

Tage geschwollen blieb durch den Stich einer Haarnadel. Ihr Schmollen, als ich sie gestochen hatte, dauerte aber nur zwölf Sekunden, und dann lächelte sie – schöne Zeit, als das Glück mir lächelte! Minka lächelte seltener, denn sie hatte keine schöne Zähne. Desto schöner aber waren ihre Tränen, wenn sie weinte, und sie weinte bei jedem fremden Unglück und sie war wohltätig über alle Begriffe. Den Armen gab sie ihren letzten Schilling; sie war sogar oft in der Lage wo sie ihr letztes Hemd weggab, wenn man es verlangte. Sie war so seelengut. Sie konnte nichts abschlagen, ausgenommen ihr Wasser. Dieser weiche, nachgiebige Charakter kontrastierte gar lieblich mit ihrer äußeren Erscheinung. Eine kühne, junonische Gestalt; weißer frecher Nacken, umringelt von wilden schwarzen Locken, wie von wollüstigen Schlangen; Augen, die unter ihren düsteren Siegesbogen so weltbeherrschend strahlten; purpurstolze, hochgewölbte Lippen; marmorne, gebietende Hände, worauf leider einige Sommersprossen; auch hatte sie, in der Form eines kleinen Dolchs, ein braunes Muttermal an der linken Hüfte.

Wenn ich dich in sogenannte schlechte Gesellschaft gebracht, lieber Leser, so tröste dich damit, daß sie dir wenigstens nicht soviel gekostet wie mir. Doch wird es später in diesem Buche nicht an idealischen Frauenspersonen fehlen, und schon jetzt will ich dir zur Erholung zwei Anstandsdamen vorführen, die ich damals kennen und verehren lernte. Es ist Madame Pieper und Madame Schnieper. Erstere war eine schöne Frau in ihren reifsten Jahren, große, schwärzliche Augen, eine große weiße Stirne, schwarze falsche Locken, eine kühne altrömische Nase, und ein Maul das eine Guillotine war für jeden guten Namen. In der Tat, für einen guten Namen gab es keine leichtere Hinrichtungsmaschine als Madame Piepers Maul; sie ließ ihn nicht lange zappeln, sie machte keine langwichtige Vorbereitungen; war der beste gute Name zwischen ihre Zähne geraten, so lächelte sie nur – aber dieses Lächeln war wie ein Fallbeil, und die Ehre war abgeschnitten und fiel in den Sack. Sie war immer ein Muster von Anstand, Ehrsamkeit, Frömmigkeit und Tugend.

Von Madame Schnieper ließ sich dasselbe rühmen. Es war eine zarte Frau, kleine ängstliche Brüste, gewöhnlich mit einem wehmütig dünnen Flor umgeben, hellblonde Haare, hellblaue Augen, die entsetzlich klug hervorstachen aus dem weißen Gesichte. Es hieß man könne ihren Tritt nie hören, und wirklich, ehe man sich dessen versah, stand sie oft neben einem, und verschwand dann wieder ebenso geräuschlos. Ihr Lächeln war ebenfalls tödlich für jeden guten Namen, aber minder wie ein Beil, als vielmehr wie jener afrikanische Giftwind, von dessen Hauch schon alle Blumen verwelken; elendiglich verwelken mußte jeder gute Namen, über den sie nur leise hinlächelte. Sie war immer ein Muster von Anstand, Ehrsamkeit, Frömmigkeit und Tugend.

Ich würde nicht ermangeln, mehre von den Söhnen Hammonias ebenfalls hervorzuloben und einige Männer, die man ganz besonders hochschätzt – namentlich diejenigen, welche man auf einige Millionen Mark Banko zu schätzen pflegt –, aufs prächtigste zu rühmen; aber ich will in diesem Augenblick meinen Enthusiasmus unterdrücken, damit er späterhin in desto helleren Flammen emporlodere. Ich habe nämlich nichts Geringeres im Sinn, als einen Ehrentempel Hamburgs herauszugeben, ganz nach demselben Plane, welchen schon vor zehn Jahren ein berühmter Schriftsteller entworfen hat, der in dieser Absicht jeden Hamburger aufforderte, ihm ein spezifiziertes Inventarium seiner speziellen Tugenden, nebst einem Speziestaler aufs schleunigste einzusenden. Ich habe nie recht erfahren können, warum dieser Ehrentempel nicht zur Ausführung kam; denn die einen sagten, der Unternehmer, der Ehrenmann, sei, als er kaum von Aaron bis Abendrot gekommen und gleichsam die ersten Klötze eingerannt, von der Last des Materials schon ganz erdrückt worden; die anderen sagten, der hoch- und wohlweise Senat habe aus allzu großer Bescheidenheit das Projekt hintertrieben, indem er dem Baumeister seines eignen Ehrentempels plötzlich die Weisung gab, binnen vierundzwanzig Stunden das hamburgische Gebiet mit allen seinen Tugenden zu verlassen. Aber gleichviel aus welchem Grunde, das Werk ist nicht zustande gekommen; und da ich ja doch einmal, aus angeborener Neigung, etwas Großes tun wollte in dieser Welt und immer gestrebt habe das Unmögliche zu leisten: so habe ich jenes ungeheure Projekt wieder aufgefaßt und ich liefere einen Ehrentempel Hamburgs, ein unsterbliches Riesenbuch, worin ich die Herrlichkeit aller seiner Einwohner ohne Ausnahme beschreibe, worin ich edle Züge von geheimer Mildtätigkeit mitteile, die noch gar nicht in der Zeitung gestanden, worin ich Großtaten erzähle, die keiner glauben wird, und worin mein eignes Bildnis, wie ich auf dem Jungfernsteg vor dem Schweizerpavillon sitze und über Hamburgs Verherrlichung nachdenke, als Vignette paradieren soll.

Für Leser, denen die Stadt Hamburg nicht bekannt ist – und es gibt deren vielleicht in China und Oberbayern – für diese muß ich bemerken daß der schönste Spaziergang der Söhne und Töchter Hammonias den rechtmäßigen Namen Jungfernsteg führt, daß er aus einer Lindenallee besteht, die auf der einen Seite von einer Reihe Häuser, auf der anderen Seite von dem großen Alsterbassin begrenzt wird; und daß vor letzterem, ins Wasser hineingebaut, zwei zeltartige lustige Kaffeehäuslein stehen, die man Pavillons nennt. Besonders vor dem einen, dem sogenannten Schweizerpavillon, läßt sich gut sitzen wenn es Sommer ist und die Nachmittagssonne nicht zu wild glüht, sondern nur heiter lächelt und mit ihrem Glanze die Linden, die Häuser, die Menschen, die Alster und die Schwäne, die sich darauf wiegen, fast märchenhaft lieblich übergießt. Da läßt sich gut sitzen, und da saß ich gut, gar manchen Sommernachmittag und dachte, was ein junger Mensch zu denken pflegt, nämlich gar nichts, und betrachtete, was ein junger Mensch zu betrachten pflegt, nämlich die jungen Mädchen, die vorübergingen – und da flatterten sie vorüber, jene holden Wesen mit ihren geflügelten Häubchen und ihren verdeckten Körbchen, worin nichts enthalten ist – da trippelten sie dahin, die bunten Vierlanderinnen, die ganz Hamburg mit Erdbeeren und eigener Milch versehen, und deren Röcke noch immer viel zu lang sind – da stolzierten die schönen Kaufmannstöchter, mit deren Liebe man auch so viel bares Geld bekommt – da hüpft eine Amme, auf den Armen ein rosiges Knäbchen, das sie beständig küßt, während sie an ihren Geliebten denkt – da wandeln Priesterinnen der schaumentstiegenen Göttin, hanseatische Vestalen, Dianen die auf die Jagd gehn, Najaden, Dryaden, Hamadryaden und sonstige Predigerstöchter – ach! da wandelt auch Minka und Heloisa! Wie oft saß ich vor dem Pavillon und sah sie vorüberwandeln in ihren rosagestreiften Roben – die Elle kostet 4 Mark und 3 Schilling, und Herr Seligmann hat mir versichert, die Rosastreifen würden im Waschen die Farbe behalten. – Prächtige Dirnen! riefen dann die tugendhaften Jünglinge, die neben mir saßen – Ich erinnere mich, ein großer Assekuradeur, der immer wie ein Pfingstochs geputzt ging, sagte einst: Die eine möcht ich mir mal als Frühstück und die andere als Abendbrot zu Gemüte führen, und ich würde an solchem Tage gar nicht zu Mittag speisen – Sie ist ein Engel! sagte einst ein Seekapitän ganz laut, so daß sich beide Mädchen zu gleicher Zeit umsahen, und sich dann einander eifersüchtig anblickten – Ich selber sagte nie etwas, und ich dachte meine süßesten Garnichtsgedanken und betrachtete die Mädchen, und den heiter sanften Himmel, und den langen Petriturm mit der schlanken Taille, und die stille blaue Alster, worauf die Schwäne so stolz und so lieblich und so sicher umherschwammen. Die Schwäne! Stundenlang konnte ich sie betrachten, diese holden Geschöpfe mit ihren sanften langen Hälsen, wie sie sich üppig auf den weichen Fluten wiegten, wie sie zuweilen selig untertauchten und wieder auftauchten und übermütig plätscherten, bis der Himmel dunkelte, und die goldnen Sterne hervortraten, verlangend, verheißend, wunderbar zärtlich, verklärt. Die Sterne! Sind es goldne Blumen am bräutlichen Busen des Himmels? Sind es verliebte Engelsaugen, die sich sehnsüchtig spiegeln in den blauen Gewässern der Erde und mit den Schwänen buhlen?

– – – Ach! das ist nun lange her. Ich war damals jung und törigt. Jetzt bin ich alt und törigt. Manche Blume ist unterdessen verwelkt und manche sogar zertreten worden. Manches seidne Kleid ist unterdessen zerrissen, und sogar der rosagestreifte Kattun des Herren Seligmann hat unterdessen die Farbe verloren. Er selbst aber ist ebenfalls verblichen – die Firma ist jetzt »Seligmanns selige Witwe« – und Heloisa, das sanfte Wesen, das geschaffen schien nur auf weichbeblümte indische Teppiche zu wandeln und mit Pfauenfedern gefächelt zu werden, sie ging unter in Matrosenlärm,

Punsch, Tabaksrauch und schlechter Musik. Als ich Minka wiedersah – sie nannte sich jetzt Kathinka und wohnte zwischen Hamburg und Altona – da sah sie aus wie der Tempel Salomonis als ihn Nebukadnezar zerstört hatte und roch nach assyrischem Knaster – und als sie mir Heloisas Tod erzählte, weinte sie bitterlich und riß sich verzweiflungsvoll die Haare aus, und wurde schier ohnmächtig, und mußte ein großes Glas Branntewein austrinken, um zur Besinnung zu kommen.

Und die Stadt selbst, wie war sie verändert! Und der Jungfernsteg! Der Schnee lag auf den Dächern und es schien, als hätten sogar die Häuser gealtert und weiße Haare bekommen. Die Linden des Jungfernstegs waren nur tote Bäume mit dürren Ästen, die sich gespenstisch im kalten Winde bewegten. Der Himmel war schneidend blau und dunkelte hastig. Es war Sonntag, fünf Uhr, die allgemeine Fütterungsstunde, und die Wagen rollten, Herren und Damen stiegen aus, mit einem gefrorenen Lächeln auf den hungrigen Lippen – Entsetzlich! in diesem Augenblick durchschauerte mich die schreckliche Bemerkung, daß ein unergründlicher Blödsinn auf allen diesen Gesichtern lag, und daß alle Menschen die eben vorbeigingen in einem wunderbaren Wahnwitz befangen schienen. Ich hatte sie schon vor zwölf Jahren, um dieselbe Stunde, mit denselben Mienen, wie die Puppen einer Rathausuhr, in derselben Bewegung gesehen, und sie hatten seitdem ununterbrochen in derselben Weise gerechnet, die Börse besucht, sich einander eingeladen, die Kinnbacken bewegt, ihre Trinkgelder bezahlt, und wieder gerechnet: zwei mal zwei ist vier – Entsetzlich! rief ich, wenn einem von diesen Leuten, während er auf dem Kontorbock säße, plötzlich einfiele, daß zwei mal zwei eigentlich fünf sei, und daß er also sein ganzes Leben verrechnet und sein ganzes Leben in einem schauderhaften Irrtum vergeudet habe! Auf einmal aber ergriff mich selbst ein närrischer Wahnsinn, und als ich die vorüberwandlenden Menschen genauer betrachtete, kam es mir vor als seien sie selber nichts anders als Zahlen, als arabische Chiffern; und da ging eine krummfüßige Zwei neben einer fatalen Drei, ihrer schwangeren und vollbusigen Frau Gemahlin; dahinter ging Herr Vier auf Krücken; einherwatschelnd kam eine fatale Fünf, rundbäuchig mit kleinem Köpfchen; dann kam eine wohlbekannte kleine Sechse und eine noch wohlbekanntere böse Sieben – doch als ich die unglückliche Acht, wie sie vorüberschwankte ganz genau betrachtete, erkannte ich den Assekuradeur der sonst wie ein Pfingstochs geputzt ging, jetzt aber wie die magerste von Pharaos mageren Kühen aussah – blasse hohle Wangen, wie ein leerer Suppenteller, kaltrote Nase wie eine Winterrose, abgeschabter schwarzer Rock der einen kümmerlich weißen Widerschein gab, ein Hut, worin Saturn mit der Sense einige Luftlöcher geschnitten, doch die Stiefel noch immer spiegelblank gewichst – und er schien nicht mehr daran zu denken, Heloisa und Minka als Frühstück und Abendbrot zu verzehren, er schien sich vielmehr nach einem Mittagessen von gewöhnlichem Rindfleisch zu sehnen. Unter den vorüberrollenden Nullen erkannte ich noch manchen alten Bekannten. Diese und die anderen Zahlenmenschen rollten vorüber, hastig und hungrig, während unfern, längs den Häusern des Jungfernstegs, noch grauenhafter drollig, ein Leichenzug sich hinbewegte. Ein trübsinniger Mummenschanz! hinter den Trauerwagen, einherstelzend auf ihren dünnen schwarzseidenen Beinchen, gleich Marionetten des Todes, gingen die wohlbekannten Ratsdiener, privilegierte

Leidtragende in parodiert altburgundischem Kostüm; kurze, schwarze Mäntel und schwarze Pluderhosen, weiße Perükken und weiße Halsbergen, wozwischen die roten bezahlten Gesichter gar possenhaft hervorgucken, kurze Stahldegen an den Hüften, unterm Arm ein grüner Regenschirm.

Aber noch unheimlicher und verwirrender als diese Bilder, die sich, wie ein chinesisches Schattenspiel, schweigend vorbeibewegten, waren die Töne, die von einer anderen Seite in mein Ohr drangen. Es waren heisere, schnarrende, metallose Töne, ein unsinniges Kreischen, ein ängstliches Plätschern und verzweifelndes Schlürfen, ein Keichen und Schollern, ein Stöhnen und Ächzen, ein unbeschreibbar eiskalter Schmerzlaut. Das Bassin der Alster war zugefroren, nur nahe am Ufer war ein großes breites Viereck in der Eisdecke ausgehauen, und die entsetzlichen Töne, die ich eben vernommen, kamen aus den Kehlen der armen weißen Geschöpfe, die darin herumschwammen und in entsetzlicher Todesangst schrieen, und ach! es waren dieselben Schwäne, die einst so weich und heiter meine Seele bewegten. Ach! die schönen weißen Schwäne, man hatte ihnen die Flügel gebrochen, damit sie im Herbst nicht auswandern konnten, nach dem warmen Süden, und jetzt hielt der Norden sie festgebannt in seinen dunkeln Eisgruben – und der Markeur des Pavillons meinte, sie befänden sich wohl darin und die Kälte sei ihnen gesund. Das ist aber nicht wahr, es ist einem nicht wohl, wenn man ohnmächtig in einem kalten Pfuhl eingekerkert ist, fast eingefroren, und einem die Flügel gebrochen sind, und man nicht fortfliegen kann nach dem schönen Süden, wo die schönen Blumen, wo die goldnen Sonnenlichter, wo die blauen Bergseen – Ach! auch mir erging es einst nicht viel besser, und ich verstand die Qual dieser armen Schwäne; und als es gar immer dunkler wurde, und die Sterne oben hell hervortraten, dieselben Sterne, die einst, in schönen Sommernächten, so liebeheiß mit den Schwänen gebuhlt, jetzt aber so winterkalt, so frostig klar und fast verhöhnend auf sie herabblickten – wohl begriff ich jetzt, daß die Sterne keine liebende, mitfühlende Wesen sind, sondern nur glänzende Täuschungen der Nacht, ewige Trugbilder in einem erträumten Himmel, goldne Lügen im dunkelblauen Nichts – – –

Während ich das vorige Kapitel hinschrieb, dacht ich unwillkürlich an ganz etwas anders. Ein altes Lied summte mir beständig im Gedächtnis, und Bilder und Gedanken verwirrten sich aufs unleidlichste; ich mag wollen oder nicht, ich muß von jenem Liede sprechen. Vielleicht auch gehört es hierher und es drängt sich mit Recht in mein Geschreibsel hinein. Ja, ich fange jetzt sogar an es zu verstehen, und ich verstehe jetzt auch den verdüsterten Ton, womit der Claas Hinrichson es sang; er war ein Jütländer und diente bei uns als Pferdeknecht. Er sang es noch den Abend vorher ehe er sich in unserem Stall erhenkte. Bei dem Refrain »Schau dich um, Herr Vonved!« lachte er manchmal gar bitterlich; die Pferde wieherten dabei sehr angstvoll und der Hofhund bellte, als stürbe jemand. Es ist das altdänische Lied von dem Herrn Vonved, der in die Welt ausreitet und sich so lange darin herumschlägt bis man seine Fragen beantwortet, und der endlich, wenn alle seine Rätsel gelöst sind, gar verdrießlich nach Hause reitet. Die Harfe klingt von Anfang bis zu Ende. Was sang er im Anfang? was sang er am Ende? Ich hab oft drüber nachgedacht. Claas Hinrichsons Stimme war manchmal tränenweich wenn er das Lied anfing und wurde allmählig rauh und grollend wie das Meer wenn ein Sturm heranzieht. Es beginnt:

Herr Vonved sitzt im Kämmerlein,
Er schlägt die Goldharf an so rein,
Er schlägt die Goldharf unterm Kleid,
Da kommt seine Mutter gegangen herein.
 Schau dich um, Herr Vonved!

Das war seine Mutter Adelin, die Königin, die spricht zu ihm:
Mein junger Sohn, laß andere die Harfe spielen, gürt um das
Schwert, besteige dein Roß, reit aus, versuche deinen Mut,
kämpfe und ringe, schau dich um in der Welt, schau dich
um, Herr Vonved. Und

Herr Vonved bindet sein Schwert an die Seite,
Ihn lüstet mit Kämpfern zu streiten
So wunderlich ist seine Fahrt:
Gar keinen Mann er drauf gewahrt.
Schau dich um, Herr Vonved!
Sein Helm war blinkend,
Sein Sporn war klingend,
Sein Roß war springend,
Selbst war der Herr so schwingend.
 Schau dich um, Herr Vonved!

Ritt einen Tag, ritt drei darnach,
Doch nimmer eine Stadt er sah;
Eia, sagte der junge Mann,
Ist keine Stadt in diesem Land?
Schau dich um, Herr Vonved!
Er ritt wohl auf dem Weg dahin,
Herr Thule Vang begegnet' ihm;
Herr Thule mit seinen zwölf Söhnen zumal,

Die waren gute Ritter all.
    Schau dich um, Herr Vonved!

Mein jüngster Sohn, hör du mein Wort:
Den Harnisch tausch mit mir sofort,
Unter uns tauschen wir das Panzerkleid,
Eh wir schlagen diesen Helden frei.
    Schau dich um, Herr Vonved!

Herr Vonved reißt sein Schwert von der Seite,
Es lüstet ihn, mit Kämpfern zu streiten:
Erst schlägt er den Herren Thule selbst,
Darnach all seine Söhne zwölf.
    Schau dich um, Herr Vonved!

Herr Vonved bindet sein Schwert an die Seite, es lüstet ihn
weiter auszureiten. Da kommt er zu dem Waidmann und ver-
langt von ihm die Hälfte seiner Jagdbeute; der aber will nicht
teilen und muß mit ihm kämpfen und wird erschlagen. Und

Herr Vonved bindet sein Schwert an die Seite,
Ihn lüstet weiter auszureiten;
Zum großen Berge der Held hinreit't,
Sieht wie der Hirte das Vieh da treibt.
    Schau dich um, Herr Vonved!

Und hör du, Hirte, sag du mir:
Wes ist das Vieh, das du treibst vor dir?
Und was ist runder als ein Rad?
Wo wird getrunken fröhliche Weihnacht?
    Schau dich um, Herr Vonved!

Sag: wo steht der Fisch in der Flut?
Und wo ist der rote Vogel gut?
Wo mischet man den besten Wein?
Wo trinkt Vidrich mit den Kämpfern sein?
    Schau dich um, Herr Vonved!

Da saß der Hirt, so still sein Mund,
Davon er gar nichts sagen kunnt.
Er schlug nach ihm mit der Zunge,
Da fiel heraus Leber und Lunge.
    Schau dich um, Herr Vonved!

Und er kommt zu einer anderen Herde und da sitzt wieder ein Hirt an den er seine Fragen richtet. Dieser aber gibt ihm Bescheid und Herr Vonved nimmt einen Goldring und steckt ihn dem Hirten an den Arm. Dann reitet er weiter und kommt zu Tyge Nold und erschlägt ihn mitsamt seinen zwölf Söhnen. Und wieder

Er warf herum sein Pferd,
Herr Vonved, der junge Edelherr;
Er tät über Berg und Tale dringen,
Doch konnt er niemand zur Rede bringen.
    Schau dich um, Herr Vonved!

So kam er zu der dritten Schar.
Da saß ein Hirt mit silbernem Haar:
Hör du, guter Hirte mit deiner Herd,
Du gibst mir gewißlich Antwort wert.
    Schau dich um, Herr Vonved!

Was ist runder als ein Rad?
Wo wird getrunken die beste Weihnacht?
Wo geht die Sonne zu ihrem Sitz?
Und wo ruhn eines toten Mannes Füß?
    Schau dich um, Herr Vonved!

Was füllet aus alle Tale?
Was kleidet am besten im Königssaale?
Was ruft lauter, als der Kranich kann?
Und was ist weißer als ein Schwan?
    Schau dich um, Herr Vonved!

Wer trägt den Bart auf seinem Rück?
Wer trägt die Nas unter seinem Kinn?
Als ein Riegel, was ist schwärzer noch mehr?
Und was ist rascher als ein Reh?
    Schau dich um, Herr Vonved!

Wo ist die allerbreiteste Brück?
Was ist am meisten zuwider der Menschen Blick?
Wo wird gefunden der höchste Gang?
Wo wird getrunken der kälteste Trank?
    Schau dich um, Herr Vonved!

»Die Sonn ist runder als ein Rad,
Im Himmel begeht man die fröhliche Weihnacht,
Gen Westen geht die Sonne zu ihrem Sitz.
Gen Osten ruhn eines toten Mannes Füß.«
    Schau dich um, Herr Vonved!

»Der Schnee füllt aus alle Tale,
Am herrlichsten kleidet der Mut im Saale,
Der Donner ruft lauter, als der Kranich kann,
Und Engel sind weißer als der Schwan.«
    Schau dich um, Herr Vonved!

»Der Kiebitz trägt den Bart in dem Nacken sein,
Der Bär hat die Nas unterm Kinn allein,
Die Sünde schwärzer ist als ein Riegel noch mehr,
Und der Gedanke rascher als ein Reh.«
    Schau dich um, Herr Vonved!

»Das Eis macht die allerbreiteste Brück,
Die Kröt ist am meisten zuwider des Menschen Blick,
Zum Paradies geht der höchste Gang,
Da unten da trinkt man den kältesten Trank.«
    Schau dich um, Herr Vonved!

»Weisen Spruch und Rat hast du nun hier,
So wie ich ihn habe gegeben dir.«
Nun hab ich so gutes Vertrauen auf dich,
Viel Kämpfer zu finden bescheidest du mich.
    Schau dich um, Herr Vonved!

»Ich weis dich zu der Sonderburg,
Da trinken die Helden den Met ohne Sorg,
Dort findest du viel Kämpfer und Rittersleut,
Die können viel gut sich wehren im Streit.«
    Schau dich um, Herr Vonved!

Er zog einen Goldring von der Hand,
Der wog wohl fünfzehn goldne Pfund;
Den tät er dem alten Hirten reichen,
Weil er ihm durft die Helden anzeigen.
    Schau dich um, Herr Vonved!

Und er reitet ein in die Burg und er erschlägt zuerst den
Randulf, hernach den Strandulf.

Er schlug den starken Ege Under,
Er schlug den Ege Karl seinen Bruder,
So schlug er in die Kreuz und Quer,
Er schlug die Feinde vor sich her.
    Schau dich um, Herr Vonved!

Herr Vonved steckt sein Schwert in die Scheide,
Er denkt noch weiter fort zu reiten.
Er findet da in der wilden Mark
Einen Kämpfer und der war viel stark.
    Schau dich um, Herr Vonved!

Sag mir, du edler Ritter gut,
Wo steht der Fisch in der Flut?
Wo wird geschenkt der beste Wein?
Und wo trinkt Vidrich mit den Kämpfern sein?
    Schau dich um, Herr Vonved!

»In Osten steht der Fisch in der Flut,
In Norden wird getrunken der Wein so gut,
In Halland findst du Vidrich daheim
Mit Kämpfern und vielen Gesellen sein.«
    Schau dich um, Herr Vonved!

Von der Brust Vonved einen Goldring nahm,
Den steckt er dem Kämpfer an seinen Arm:
Sag, du wärst der letzte Mann,
Der Gold vom Herrn Vonved gewann.
  Schau dich um, Herr Vonved!

Herr Vonved vor die hohe Zinne tät reiten,
Bat die Wächter, ihn hineinzuleiten;
Als aber keiner heraus zu ihm ging,
Da sprang er über die Mauer dahin.
  Schau dich um, Herr Vonved!

Sein Roß an einen Strick er band
Darauf er sich zur Burgstube gewandt;
Er setzte sich oben an die Tafel sofort,
Dazu sprach er kein einziges Wort.
  Schau dich um, Herr Vonved!

Er aß, er trank, nahm Speise sich,
Den König fragt' er darum nicht;
Gar nimmer bin ich ausgefahren,
Wo soviel verfluchte Zungen waren.
  Schau dich um, Herr Vonved!

Der König sprach zu den Kämpfern sein:
»Der tolle Gesell muß gebunden sein:
Bindet ihr den fremden Gast nicht fest,
So dienet ihr mir nicht aufs best.«
  Schau dich um, Herr Vonved!

Nimm du fünf, nimm du zwanzig auch dazu
Und komm zum Spiel du selbst herzu:
Ein Hurensohn, so nenn ich dich,
Außer, du bindest mich.
    Schau dich um, Herr Vonved!

König Esmer, mein lieber Vater,
Und stolz Adelin, meine Mutter,
Haben mir gegeben das strenge Verbot,
Mit 'nem Schalk nicht zu verzehren mein Gold.
    Schau dich um, Herr Vonved!

»War Esmer der König dein Vater,
Und Frau Adelin deine liebe Mutter,
So bist du Herr Vonved, ein Kämpfer schön,
Dazu meiner liebsten Schwester Sohn.«
    Schau dich um, Herr Vonved!

»Herr Vonved, willst du bleiben bei mir,
Beides Ruhm und Ehre soll werden dir,
Und willst du zu Land ausfahren,
Meine Ritter sollen dich bewahren.«
    Schau dich um, Herr Vonved!

»Mein Gold soll werden für dich gespart,
Wenn du willst halten deine Heimfahrt.«
Doch das zu tun lüstet ihn nicht,
Er wollt fahren zu seiner Mutter zurück.
    Schau dich um, Herr Vonved!

Herr Vonved ritt auf dem Weg dahin,
Er war so gram in seinem Sinn;
Und als er zur Burg geritten kam,
Da standen zwölf Zauberweiber daran.
    Schau dich um, Herr Vonved!

Standen mit Rocken und Spindeln vor ihm,
Schlugen ihn übers weiße Schienbein hin;
Herr Vonved mit seinem Roß herumdringt,
Die zwölf Zauberweiber schlägt er in einen Ring.
    Schau dich um, Herr Vonved!

Schlägt die Zauberweiber, die stehen da,
Sie finden bei ihm so kleinen Rat.
Seine Mutter genießt dasselbe Glück,
Er haut sie in fünftausend Stück.
    Schau dich um, Herr Vonved!

So geht er in den Saal hinein,
Er ißt, und trinkt den klaren Wein,
Dann schlägt er die Goldharfe so lang,
Daß springen entzwei alle die Strang'.
    Schau dich um, Herr Vonved!

Es war aber ein gar lieblicher Frühlingstag, als ich zum erstenmal die Stadt Hamburg verlassen. Noch sehe ich wie im
Hafen die goldnen Sonnenlichter auf die beteerten Schiffs-
bäuche spielen, und ich höre noch das heitre langhingesun-
gene Hoiho! der Matrosen. So ein Hafen im Frühling hat
überdies die freundlichste Ähnlichkeit mit dem Gemüt eines Jünglings, der zum erstenmal in die Welt geht, sich zum

erstenmal auf die hohe See des Lebens hinauswagt – noch sind alle seine Gedanken bunt-bewimpelt, Übermut schwellt alle Segel seiner Wünsche, Hoiho! – aber bald erheben sich die Stürme, der Horizont verdüstert sich, die Windsbraut heult, die Planken krachen, die Wellen zerbrechen das Steuer, und das arme Schiff zerschellt an romantischen Klippen oder strandet auf seicht-prosaischem Sand – oder vielleicht morsch und gebrochen, mit gekapptem Mast, ohne ein einziges Anker der Hoffnung, gelangt es wieder heim in den alten Hafen und vermodert dort, abgetakelt kläglich, als ein elendes Wrack!

Aber es gibt auch Menschen, die nicht mit gewöhnlichen Schiffen verglichen werden dürfen, sondern mit Dampfschiffen. Diese tragen ein dunkles Feuer in der Brust und sie fahren gegen Wind und Wetter – ihre Rauchflagge flattert wie der schwarze Federbusch des nächtlichen Reuters, ihre Zackenräder sind wie kolossale Pfundsporen, womit sie das Meer in die Wellenrippen stacheln, und das widerspenstisch schäumende Element muß ihrem Willen gehorchen, wie ein Roß – aber sehr oft platzt der Kessel, und der innere Brand verzehrt uns.

Doch ich will mich aus der Metapher wieder herausziehn und auf ein wirkliches Schiff setzen, welches von Hamburg nach Amsterdam fährt. Es war ein schwedisches Fahrzeug, hatte außer den Helden dieser Blätter auch Eisenbarren geladen und sollte wahrscheinlich als Rückfracht eine Ladung Stockfische nach Hamburg oder Eulen nach Athen bringen.

Die Ufergegenden der Elbe sind wunderlieblich. Besonders hinter Altona, bei Rainville. Unfern liegt Klopstock begraben. Ich kenne keine Gegend wo ein toter Dichter so gut begraben liegen kann wie dort. Als lebendiger Dichter dort zu leben, ist schon weit schwerer. Wie oft hab ich dein Grab besucht, Sänger des Messias, der du so rührend wahr die Leiden Jesu besungen! Du hast aber auch lang genug auf der Königstraße hinter dem Jungfernsteg gewohnt, um zu wissen, wie Propheten gekreuzigt werden.

Den zweiten Tag gelangten wir nach Cuxhaven, welches eine hamburgische Kolonie. Die Einwohner sind Untertanen der Republik und haben es sehr gut. Wenn sie im Winter frieren werden ihnen aus Hamburg wollene Decken geschickt, und in allzu heißen Sommertagen schickt man ihnen auch Limonade. Als Prokonsul residiert dort ein hoch- oder wohlweiser Senator. Er hat jährlich ein Einkommen von 20.000 Mark und regiert über 5000 Seelen. Es ist dort auch ein Seebad, welches vor anderen Seebädern den Vorteil bietet, daß es zu gleicher Zeit ein Elbbad ist. Ein großer Damm, worauf man spazierengehn kann, führt nach Ritzebüttel, welches ebenfalls zu Cuxhaven gehört. Das Wort kommt aus dem Phönizischen; die Worte »Ritze« und »Büttel« heißen auf phönizisch: Mündung der Elbe. Manche Historiker behaupten, Karl der Große habe Hamburg nur erweitert, die Phönizier aber hätten Hamburg und Altona gegründet, und zwar zu derselben Zeit als Sodom und Gomorrha zugrunde gingen. Vielleicht haben sich Flüchtlinge aus diesen Städten nach der Mündung der Elbe gerettet. Man hat zwischen der Fuhlentwiete und der Kaffemacherei einige alte Münzen ausgegraben, die noch unter der Regierung von Bera XVI. und Birsa X. geschlagen worden. Nach meiner Meinung ist Hamburg das alte Tharsis, woher Salomo ganze Schiffsladungen voll Gold, Silber, Elfenbein, Pfauen und Affen erhalten hat. Salomo, nämlich der König von Juda und Israel, hatte immer eine besondere Liebhaberei für Gold und Affen.

Unvergeßlich bleibt mir diese erste Seereise. Meine alte Großmuhme hatte mir so viele Wassermärchen erzählt, die jetzt alle wieder in meinem Gedächtnis aufblühten. Ich konnte ganze Stunden lang auf dem Verdecke sitzen und an die alten Geschichten denken, und wenn die Wellen murmelten, glaubte ich die Großmuhme sprechen zu hören. Wenn ich die Augen schloß, dann sah ich sie wieder leibhaftig vor mir sitzen mit dem einzigen Zahn in dem Munde, und hastig bewegte sie wieder die Lippen und erzählte die Geschichte vom Fliegenden Holländer.

Ich hätte gern die Meernixen gesehen, die auf weißen Klippen sitzen und ihr grünes Haar kämmen; aber ich konnte sie nur singen hören.

Wie angestrengt ich auch manchmal in die klare See hinabschaute, so konnte ich doch nicht die versunkenen Städte sehen, worin die Menschen, in allerlei Fischgestalten verwünscht, ein tiefes, wundertiefes Wasserleben führen. Es heißt, die Lachse und alte Rochen sitzen dort, wie Damen geputzt, am Fenster und fächern sich und gucken hinab auf die Straße, wo Schellfische in Ratsherrentracht vorbeischwimmen, wo junge Modeheringe nach ihnen hinauflorgnieren und wo Krabben, Hummer und sonstig niedriges Krebsvolk umherwimmelt. Ich habe aber nicht so tief hinabsehen können, und nur die Glocken hörte ich unten läuten.

In der Nacht sah ich mal ein großes Schiff mit ausgespannten blutroten Segeln vorbeifahren, daß es aussah wie ein dunkler Riese in einem weiten Scharlachmantel. War das der Fliegende Holländer?

Aus: *Aus den Memoiren des Herren von Schnabelewopski,* Kapitel 3–6

Als ich zu Mathilden ins Zimmer trat, hatte sie den letzten Knopf des grünen Reitkleides zugeknöpft, und wollte eben einen Hut mit weißen Federn aufsetzen. Sie warf ihn rasch von sich, sobald sie mich erblickte, mit ihren wallend goldnen Locken stürzte sie mir entgegen – Doktor des Himmels und der Erde! rief sie, und nach alter Gewohnheit ergriff sie meine beiden Ohrlappen und küßte mich mit der drolligsten Herzlichkeit.

Wie gehts, Wahnsinnigster der Sterblichen! Wie glücklich bin ich Sie wiederzusehen! Denn ich werde nirgends auf dieser weiten Welt einen verrückteren Menschen finden. Narren und Dummköpfe gibt es genug, und man erzeigt ihnen oft die Ehre, sie für verrückt zu halten; aber die wahre Verrücktheit ist so selten wie die wahre Weisheit, sie ist vielleicht gar nichts anderes als Weisheit, die sich geärgert hat, daß sie alles weiß, alle Schändlichkeiten dieser Welt, und die deshalb den weisen Entschluß gefaßt hat, verrückt zu werden. Die Orientalen sind ein gescheutes Volk, sie verehren einen Verrückten wie einen Propheten, wir aber halten jeden Propheten für verrückt.

Aber, Mylady, warum haben Sie mir nicht geschrieben?

Gewiß, Doktor, ich schrieb Ihnen einen langen Brief, und bemerkte auf der Adresse: abzugeben in Neu-Bedlam. Da Sie aber, gegen alle Vermutung nicht dort waren, so schickte man den Brief nach St. Luke, und da Sie auch hier nicht waren, so ging er weiter nach einer ähnlichen Anstalt, und so machte er die Ronde durch alle Tollhäuser Englands, Schottlands und Irlands, bis man ihn mir zurückschickte mit der Bemerkung, daß der Gentleman, den die Adresse bezeichne, noch nicht eingefangen sei. Und in der Tat, wie haben Sie es angefangen, daß Sie immer noch auf freien Füßen sind?

Habs pfiffig angefangen, Mylady. Überall, wohin ich kam, wußt ich mich um die Tollhäuser herumzuschleichen, und ich denke, es wird mir auch in Italien gelingen.

O, Freund, hier sind Sie ganz sicher; denn erstens ist gar kein Tollhaus in der Nähe, und zweitens haben wir hier die Oberhand.

Wir? Mylady! Sie zählen sich also zu den Unseren? Erlauben Sie, daß ich Ihnen den Bruderkuß auf die Stirne drücke.

Ach! ich meine wir Badegäste, worunter ich wahrlich noch die Vernünftigste bin – Und nun machen Sie sich leicht einen Begriff von der Verrücktesten, nämlich von Julie Maxfield, die beständig behauptet, grüne Augen bedeuten den Frühling der Seele; dann haben wir noch zwei junge Schönheiten –

Gewiß englische Schönheiten, Mylady –

Doktor, was bedeutet dieser spöttische Ton? Die gelbfettigen Makkaronigesichter in Italien müssen Ihnen so gut schmecken, daß Sie keinen Sinn mehr haben für britische –

Plumppuddings mit Rosinenaugen, Roastbeefbusen festoniert mit weißen Meerrettichstreifen, stolze Pasteten –

Es gab eine Zeit, Doktor, wo Sie jedesmal in Verzückung gerieten, wenn Sie eine schöne Engländerin sahen –

Ja, das war damals! Ich bin noch immer nicht abgeneigt Ihren Landsmänninnen zu huldigen; sie sind schön wie Sonnen, aber Sonnen von Eis, sie sind weiß wie Marmor, aber auch marmorkalt – auf ihren kalten Herzen erfrieren die armen Flöhe –

Oho! ich kenne einen Floh, der dort nicht erfroren ist, und frisch und gesund übers Meer gesprungen, und es war ein großer, deutscher, impertinenter Floh –

Er hat sich wenigstens an den britisch frostigen Herzen so stark erkältet, daß er noch jetzt davon den Schnupfen hat.

Mylady schien pikiert über diese Antwort, sie ergriff die Reitgerte, die zwischen den Blättern eines Romans, als Lesezeichen, lag, schwang sie um die Ohren ihres weißen Jagdhundes, der leise knurrte, hob hastig ihren Hut von der Erde, setzte ihn keck aufs Lockenhaupt, sah ein paarmal wohlgefällig in den Spiegel, und sprach stolz: Ich bin noch schön! Aber plötzlich, wie von einem dunkeln Schmerzgefühl durchschauert, blieb sie sinnend stehen, streifte langsam ihren weißen Handschuh von der Hand, reichte sie mir, und meine Gedanken pfeilschnell ertappend, sprach sie: Nicht wahr, diese Hand ist nicht mehr so schön, wie in Ramsgate? Mathilde hat unterdessen viel gelitten!

Lieber Leser, man kann es den Glocken selten ansehen, wo sie einen Riß haben, und nur an ihrem Tone merkt man ihn. Hättest du nun den Klang der Stimme gehört, womit obige Worte gesprochen wurden, so wüßtest du gleich, Myladys Herz ist eine Glocke vom besten Metall, aber ein verborgener Riß dämpft wunderbar ihre heitersten Töne, und umschleiert sie gleichsam mit heimlicher Trauer. Doch ich liebe solche Glocken, sie finden immer ein gutes Echo in meiner eignen Brust; und ich küßte Myladys Hand fast inniger als ehemals, obgleich sie minder vollblühend war und einige Adern, etwas allzu blau hervortretend, mir ebenfalls zu sagen schienen: Mathilde hat unterdessen viel gelitten.

Ihr Auge sah mich an wie ein wehmütig einsamer Stern am herbstlichen Himmel, und weich und innig sprach sie:

Sie scheinen mich wenig mehr zu lieben, Doktor! Denn nur mitleidig fiel eben Ihre Träne auf meine Hand, fast wie ein Almosen.

Wer heißt Sie die stumme Sprache meiner Tränen so dürftig ausdeuten? Ich wette, der weiße Jagdhund, der sich jetzt an Sie schmiegt, versteht mich besser; er schaut mich an, und dann wieder Sie, und scheint sich zu wundern, daß die Menschen, die stolzen Herren der Schöpfung, innerlich so tief elend sind. Ach, Mylady, nur der verwandte Schmerz entlockt uns die Träne, und jeder weint eigentlich für sich selbst.

Genug, genug, Doktor. Es ist wenigstens gut, daß wir Zeitgenossen sind und in demselben Erdwinkel uns gefunden mit unseren närrischen Tränen. Ach des Unglücks! wenn Sie vielleicht zweihundert Jahre früher gelebt hätten, wie es mir mit meinem Freunde Michael de Cervantes Saavedra begegnet, oder gar wenn Sie hundert Jahre später auf die Welt gekommen wären als ich, wie ein anderer intimer Freund von mir, dessen Namen ich nicht einmal weiß, eben weil er ihn erst bei seiner Geburt, Anno 1900, erhalten wird! Aber, erzählen Sie doch, wie haben Sie gelebt seit wir uns nicht gesehen?

Ich trieb mein gewöhnliches Geschäft, Mylady; ich rollte wieder den großen Stein. Wenn ich ihn bis zur Hälfte des Berges gebracht, dann rollte er plötzlich hinunter, und ich mußte wieder suchen ihn hinaufzurollen, – und dieses Bergauf- und Bergabrollen wird sich so lange wiederholen, bis ich selbst unter dem großen Steine liegen bleibe, und Meister Steinmetz mit großen Buchstaben darauf schreibt: Hier ruht in Gott –

Beileibe, Doktor, ich lasse Ihnen noch keine Ruhe – Sein Sie nur nicht melancholisch! Lachen Sie, oder ich –

Nein, kitzeln Sie nicht; ich will lieber von selbst lachen.

So recht. Sie gefallen mir noch, ebensogut wie in Ramsgate, wo wir uns zuerst nahekamen –

Und endlich noch näher als nah. Ja, ich will lustig sein. Es ist gut, daß wir uns wiedergefunden, und der große deutsche Floh wird sich wieder ein Vergnügen daraus machen, sein Leben bei Ihnen zu wagen.

Myladys Augen lachten wie Sonnenschein nach leisem Regenschauer, und ihre gute Laune brach wieder leuchtend hervor, als John hereintrat, und mit dem steifsten Lakaienpathos Seine Exzellenz den Marchese Christoforo di Gumpelino anmeldete.

Er sei willkommen! Und Sie, Doktor, werden einen Pair unseres Narrenreichs kennenlernen. Stoßen Sie sich nicht an sein Äußeres, besonders nicht an seine Nase. Der Mann besitzt vortreffliche Eigenschaften, z.B. viel Geld, gesunden Verstand, und die Sucht alle Narrheiten der Zeit in sich aufzunehmen; dazu ist er in meine grünäugige Freundin Julie Maxfield verliebt und nennt sie seine Julia und sich ihren Romeo, und deklamiert und seufzt – und Lord Maxfield, der Schwager, dem die treue Julia von ihrem Manne anvertraut worden, ist ein Argus –

Schon wollte ich bemerken, daß Argus eine Kuh bewachte, als die Türe sich weit öffnete und, zu meinem höchsten Erstaunen, mein alter Freund, der Bankier Christian Gumpel, mit seinem wohlhabenden Lächeln und gottgefälligem Bauche, hereinwatschelte. Nachdem seine glänzenden breiten Lippen sich an Myladys Hand genugsam gescheuert und übliche Gesundheitsfragen hervorgebrockt hatten, erkannte er auch mich – und in die Arme sanken sich die Freunde.

Mathildens Warnung, daß ich mich an die Nase des Mannes nicht stoßen solle, war hinlänglich gegründet, und wenig fehlte, so hätte er mir wirklich ein Auge damit ausgestochen. Ich will nichts Schlimmes von dieser Nase sagen; im Gegenteil, sie war von der edelsten Form, und sie eben berechtigte meinen Freund sich wenigstens einen Markese-Titel beizulegen. Man konnte es ihm nämlich an der Nase ansehen, daß er von gutem Adel war, daß er von einer uralten Weltfamilie abstammte, womit sich sogar einst der liebe Gott, ohne Furcht vor Mesallianz, verschwägert hat. Seitdem ist diese Familie freilich etwas heruntergekommen, so daß sie seit Karl dem Großen, meistens durch den Handel mit alten Hosen und Hamburger Lotteriezetteln, ihre Subsistenz erwerben mußte, ohne jedoch im mindesten von ihrem Ahnenstolze abzulassen oder jemals die Hoffnung aufzugeben, einst wieder ihre alten Güter, oder wenigstens hinreichende Emigranten-Entschädigung zu erhalten, wenn ihr alter legitimer Souverän sein Restaurationsversprechen erfüllt, ein Versprechen, womit er sie schon zwei Jahrtausende an der Nase herumgeführt. Sind vielleicht ihre Nasen eben durch dieses lange an der Nase Herumgeführtwerden so lang geworden? Oder sind diese langen Nasen eine Art Uniform, woran der Gottkönig Jehovah seine alten Leibgardisten erkennt, selbst wenn sie desertiert sind? Der Marchese Gumpelino war ein solcher Deserteur, aber er trug noch immer seine Uniform, und sie war sehr brillant, besäet mit Kreuzchen und Sternchen von Rubinen, einem roten Adlerorden in Miniatur, und anderen Dekorationen.

Sehen Sie, sagte Mylady, das ist meine Lieblingsnase, und ich kenne keine schönere Blume auf dieser Erde.

Diese Blume, schmunzlächelte Gumpelino, kann ich Ihnen nicht an den schönen Busen legen, ohne daß ich mein blühendes Antlitz hinzulege, und diese Beilage würde Sie vielleicht in der heutigen Hitze etwas genieren. Aber ich bringe Ihnen eine nicht minder köstliche Blume, die hier selten ist –

Bei diesen Worten öffnete der Marchese die fließpapierne Tüte, die er mitgebracht, und mit langsamer Sorgfalt zog er daraus hervor eine wunderschöne Tulpe.

Kaum erblickte Mylady diese Blume, so schrie sie aus vollem Halse: Morden! morden! wollen Sie mich morden? Fort, fort mit dem schrecklichen Anblick! Dabei gebärdete sie sich, als wolle man sie umbringen, hielt sich die Hände vor die Augen, rannte unsinnig im Zimmer umher, verwünschte Gumpelinos Nase und Tulpe, klingelte, stampfte den Boden, schlug den Hund mit der Reitgerte, daß er laut aufbellte, und als John hereintrat, rief sie, wie Kean als König Richard:

Ein Pferd! ein Pferd!
Ein Königtum für ein Pferd!

und stürmte, wie ein Wirbelwind, von dannen.

Eine kuriose Frau! sprach Gumpelino, vor Erstaunen bewegungslos und noch immer die Tulpe in der Hand haltend, so daß er einem jener Götzenbilder glich, die mit Lotosblumen in den Händen, auf altindischen Denkmälern zu schauen sind. Ich aber kannte die Dame und ihre Idiosynkrasie weit besser, mich ergötzte dieses Schauspiel über alle Maßen, ich öffnete das Fenster und rief: Mylady, was soll ich von Ihnen denken? Ist das Vernunft, Sitte – besonders ist das Liebe?

Da lachte herauf die wilde Antwort:

Wenn ich zu Pferde bin, so will ich schwören.
Ich liebe dich unendlich.

Eine kuriose Frau! wiederholte Gumpelino, als wir uns auf den Weg machten seine beiden Freundinnen, Signora Lätitia und Signora Francesca, deren Bekanntschaft er mir verschaffen wollte, zu besuchen. Da die Wohnung dieser Damen auf einer etwas entfernten Anhöhe lag, so erkannte ich um so dankbarer die Güte meines wohlbeleibten Freundes, der das Bergsteigen etwas beschwerlich fand, und auf jedem Hügel atemschöpfend stehenblieb, und O Jesu! seufzte.

Die Wohnungen in den Bädern von Lucca nämlich sind entweder unten in einem Dorfe, das von hohen Bergen umschlossen ist, oder sie liegen auf einem dieser Berge selbst, unfern der Hauptquelle, wo eine pittoreske Häusergruppe in das reizende Tal hinabschaut. Einige liegen aber auch einzeln zerstreut an den Bergesabhängen, und man muß mühsam hinaufklimmen durch Weinreben, Myrtengesträuch, Geißblatt, Lorbeerbüsche, Oleander, Geranikum und andre vornehme Blumen und Pflanzen, ein wildes Paradies. Ich habe nie ein reizenderes Tal gesehen, besonders wenn man von der Terrasse des oberen Bades, wo die ernstgrünen Zypressen stehen, ins Dorf hinabschaut. Man sieht dort die Brücke, die über ein Flüßchen führt, welches Lima heißt, und das Dorf in zwei Teile durchschneidend, an beiden Enden in mäßigen Wasserfällen, über Felsenstücke dahinstürzt, und ein Geräusch hervorbringt, als wolle es die angenehmsten Dinge sagen und könne vor dem allseitig plaudernden Echo nicht zu Worten kommen.

Der Hauptzauber dieses Tals liegt aber gewiß in dem Umstand, daß es nicht zu groß ist und nicht zu klein, daß die Seele des Beschauers nicht gewaltsam erweitert wird, vielmehr sich ebenmäßig mit dem herrlichen Anblick füllt, daß die Häupter der Berge selbst, wie die Apenninen überall, nicht abenteuerlich gotisch erhaben mißgestaltet sind, gleich den Bergkarikaturen, die wir ebensowohl wie die Menschenkarikaturen, in germanischen Ländern finden: sondern, daß ihre edelgeründeten, heiter grünen Formen fast eine Kunstzivilisation aussprechen, und gar melodisch mit dem blaßblauen Himmel zusammenklingen.

O Jesu! ächzte Gumpelino, als wir, mühsamen Steigens und von der Morgensonne schon etwas stark gewärmt, oberwähnte Zypressenhöhe erreichten, und, ins Dorf hinabschauend, unsere englische Freundin, hoch zu Roß, wie ein romantisches Märchenbild, über die Brücke jagen, und ebenso traumschnell wieder verschwinden sahen. O Jesu! welch eine kuriose Frau, wiederholte einigemal der Marchese. In meinem gemeinen Leben ist mir noch keine solche Frau vorgekommen. Nur in Komödien findet man dergleichen, und ich glaube z.B. die Holzbecher würde die Rolle gut spielen. Sie hat etwas von einer Nixe. Was denken Sie?

Ich denke, Sie haben recht, Gumpelino. Als ich mit ihr von London nach Rotterdam fuhr, sagte der Schiffskapitän, sie gliche einer mit Pfeffer bestreuten Rose. Zum Dank, für diese pikante Vergleichung, schüttete sie eine ganze Pfefferbüchse auf seinen Kopf aus, als sie ihn einmal in der Kajüte eingeschlummert fand, und man konnte sich dem Manne nicht mehr nähern ohne zu niesen.

Eine kuriose Frau! sprach wieder Gumpelino. So zart wie weiße Seide und ebenso stark, und sitzt zu Pferde ebenso gut wie ich. Wenn sie nur nicht ihre Gesundheit zugrunde reitet. Sahen Sie nicht eben den langen, magern Engländer, der auf seinem magern Gaul, hinter ihr herjagte, wie die galoppierende Schwindsucht? Das Volk reitet zu leidenschaftlich, gibt alles Geld in der Welt für Pferde aus. Lady Maxfields Schimmel kostet dreihundert goldne, lebendige Louisdore – ach! und die Louisdore stehen so hoch und steigen noch täglich.

Ja, die Louisdor werden noch so hoch steigen, daß ein armer Gelehrter, wie unsereiner, sie gar nicht mehr wird erreichen können.

Sie haben keinen Begriff davon, Herr Doktor, wieviel Geld ich ausgeben muß, und dabei behelfe ich mich mit einem einzigen Bedienten, und nur wenn ich in Rom bin, halte ich mir einen Kapellan für meine Hauskapelle. Sehen Sie, da kommt mein Hyazinth.

Die kleine Gestalt, die in diesem Augenblick bei der Windung eines Hügels zum Vorschein kam, hätte vielmehr den Namen einer Feuerlilie verdient. Es war ein schlotternd weiter Scharlachrock, überladen mit Goldtressen, die im Sonnenglanze strahlten, und aus dieser roten Pracht schwitzte ein Köpfchen hervor, das mir sehr wohlbekannt zunickte. Und wirklich, als ich das bläßlich besorgliche Gesichtchen und die geschäftig zwinkenden Äuglein näher betrachtete, erkannte ich jemanden, den ich eher auf dem Berg Sinai als auf den Apenninen erwartet hätte, und das war kein anderer als Herr Hirsch, Schutzbürger in Hamburg, ein Mann, der nicht bloß immer ein sehr ehrlicher Lotteriekollekteur gewesen, sondern sich auch auf Hühneraugen und Juwelen versteht, dergestalt, daß er erstere von letzteren nicht bloß zu unterscheiden weiß, sondern auch die Hühneraugen ganz geschickt auszuschneiden und die Juwelen ganz genau zu taxieren weiß.

Ich bin guter Hoffnung – sprach er, als er mir näher kam – daß Sie mich noch kennen, obgleich ich nicht mehr Hirsch heiße. Ich heiße jetzt Hyazinth und bin der Kammerdiener des Herrn Gumpel.

Hyazinth! rief dieser, in staunender Aufwallung über die Indiskretion des Dieners.

Sein Sie nur ruhig, Herr Gumpel, oder Herr Gumpelino, oder Herr Marchese, oder Eure Exzellenza, wir brauchen uns gar nicht vor diesem Herrn zu genieren, der kennt mich, hat manches Los bei mir gespielt, und ich möcht sogar drauf schwören, er ist mir von der letzten Renovierung noch sieben Mark neun Schilling schuldig – Ich freue mich wirklich, Herr Doktor, Sie hier wiederzusehen. Haben Sie hier ebenfalls Vergnügungs-Geschäfte? Was sollte man sonst hier tun, in dieser Hitze, und wo man noch dazu bergauf und bergab steigen muß. Ich bin hier des Abends so müde, als wäre ich zwanzigmal vom Altonaer Tore nach dem Steintor gelaufen, ohne was dabei verdient zu haben.

O Jesu! – rief der Marchese – schweig, schweig! Ich schaffe mir einen andern Bedienten an.

Warum schweigen? – versetzte Hirsch Hyazinthos – Ist es mir doch lieb, wenn ich mal wieder gutes Deutsch sprechen kann mit einem Gesichte, das ich schon einmal in Hamburg gesehen, und denke ich an Hamburg –

Hier, bei der Erinnerung an sein kleines Stiefvaterländchen, wurden des Mannes Äuglein flimmernd feucht, und seufzend sprach er: Was ist der Mensch! Man geht vergnügt vor dem Altonaer Tore, auf dem Hamburger Berg, spazieren und besieht dort die Merkwürdigkeiten, die Löwen, die Gevögel, die Papagoyim, die Affen, die ausgezeichneten Menschen, und man läßt sich Karussell fahren oder elektrisieren, und man denkt was würde ich erst für Vergnügen haben an einem Orte, der noch zweihundert Meilen von Hamburg weiter entfernt ist, in dem Lande wo die Zitronen und Orangen wachsen, in Italien! Was ist der Mensch! Ist er vor dem

Altonaer Tore, so möchte er gern in Italien sein, und ist er in Italien, so möchte er wieder vor dem Altonaer Tore sein! Ach stände ich dort wieder und sähe wieder den Michaelisturm, und oben daran die Uhr mit den großen goldnen Zahlen auf dem Zifferblatt, die großen goldnen Zahlen, die ich so oft des Nachmittags betrachtete, wenn sie so freundlich in der Sonne glänzten – ich hätte sie oft küssen mögen. Ach, ich bin jetzt in Italien, wo die Zitronen und Orangen wachsen; wenn ich aber die Zitronen und Orangen wachsen sehe, so denk ich an den Steinweg zu Hamburg, wo sie, ganzer Karren voll, gemächlich aufgestapelt liegen, und wo man sie ruhig genießen kann, ohne daß man nötig hat so viele Gefahr-Berge zu besteigen und so viel Hitzwärme auszustehen. So wahr mir Gott helfe, Herr Marchese, wenn ich es nicht der Ehre wegen getan hätte und wegen der Bildung, so wäre ich Ihnen nicht hierher gefolgt. Aber das muß man Ihnen nachsagen, man hat Ehre bei Ihnen und bildet sich.

Hyazinth! – sprach jetzt Gumpelino, der durch diese Schmeichelei etwas besänftigt worden –, Hyazinth geh jetzt zu –

Ich weiß schon –

Du weißt nicht, sage ich dir, Hyazinth –

Ich sag Ihnen, Herr Gumpel, ich weiß. Ew. Exzellenz schikken mich jetzt zu der Lady Maxfield – Mir braucht man gar nichts zu sagen. Ich weiß Ihre Gedanken, die Sie noch gar nicht gedacht, und vielleicht Ihr Lebtag gar nicht denken werden. Einen Bedienten wie mich, bekommen Sie nicht so leicht – und ich tu es der Ehre wegen, und der Bildung wegen, und wirklich, man hat Ehre bei Ihnen und bildet sich – Bei diesem Worte putzte er sich die Nase mit einem sehr weißen Taschentuche.

Hyazinth, sprach der Marchese, du gehst jetzt zu der Lady Julie Maxfield, zu meiner Julia, und bringst ihr diese Tulpe – nimm sie in acht, denn sie kostet fünf Paoli – und sagst ihr –

Ich weiß schon –

Du weißt nichts. Sag ihr: Die Tulpe ist unter den Blumen –

Ich weiß schon, Sie wollen ihr etwas durch die Blume sagen. Ich habe für so manches Lotterielos in meiner Kollekte selbst eine Devise gemacht –

Ich sage dir, Hyazinth, ich will keine Devise von dir. Bringe diese Blume an Lady Maxfield, und sage ihr:

Die Tulpe ist unter den Blumen
Was unter den Käsen der Stracchino;
Doch mehr als Blumen und Käse
Verehrt Dich Gumpelino!

So wahr mir Gott alles Guts gebe, das ist gut! – rief Hyazinth – Winken Sie mir nicht, Herr Marchese, was Sie wissen, das weiß ich, und was ich weiß, das wissen Sie. Und Sie, Herr Doktor, leben Sie wohl! Um die Kleinigkeit mahne ich Sie nicht. – Bei diesen Worten stieg er den Hügel wieder hinab, und murmelte beständig: Gumpelino Stracchino – Stracchino Gumpelino –

Es ist ein treuer Mensch – sagte der Marchese – sonst hätte ich ihn längst abgeschafft, wegen seines Mangels an Etikette. Vor Ihnen hat das nichts zu bedeuten. Sie verstehen mich. Wie gefällt Ihnen seine Livree? Es sind noch für vierzig Taler mehr Tressen dran als an der Livree von Rothschilds Bedienten. Ich habe innerlich mein Vergnügen, wie sich der Mensch bei mir perfektioniert. Dann und wann gebe ich ihm selbst Unterricht in der Bildung. Ich sage ihm oft: Was ist Geld? Geld ist rund und rollt weg, aber Bildung bleibt. Ja, Herr Doktor, wenn ich, was Gott verhüte, mein Geld verliere, so bin ich doch noch immer ein großer Kunstkenner, ein Kenner von Malerei, Musik und Poesie. Sie sollen mir die Augen zubinden und mich in der Galerie zu Florenz herumführen, und bei jedem Gemälde, vor welches Sie mich hinstellen, will ich Ihnen den Maler nennen, der es gemalt hat, oder wenigstens die Schule, wozu dieser Maler gehört. Musik? Verstopfen Sie mir die Ohren und ich höre doch jede falsche Note. Poesie? Ich kenne alle Schauspielerinnen Deutschlands und die Dichter weiß ich auswendig. Und gar Natur! Ich bin zweihundert Meilen gereist, Tag und Nacht durch, um in Schottland einen einzigen Berg zu sehen. Italien aber geht über alles. Wie gefällt Ihnen hier diese Naturgegend? Welche Schöpfung! Sehen Sie mal die Bäume, die Berge, den Himmel, da unten das Wasser – ist nicht alles wie gemalt? Haben Sie es je im Theater schöner gesehen? Man wird sozusagen ein Dichter! Verse kommen einem in den Sinn und man weiß nicht woher: –

Schweigend, in der Abenddämmrung Schleier
Ruht die Flur, das Lied der Haine stirbt;
Nur daß hier, im alternden Gemäuer
Melancholisch noch ein Heimchen zirpt.

Diese erhabenen Worte deklamierte der Marchese mit überschwellender Rührung, indem er, wie verklärt, in das lachende, morgenhelle Tal hinabschaute.

Auf einem Rasenvorsprung, unter einem breiten Lorbeerbaume, saß Hyazinthos, der Diener des Marchese, und neben ihm Apollo, dessen Hund. Letzterer stand vielmehr, indem er die Vorderpfoten auf die Scharlachkniee des kleinen Mannes gelegt hatte, und neugierig zusah, wie dieser, eine Schreibtafel in den Händen haltend, dann und wann etwas hineinschrieb, wehmütig vor sich hinlächelte, das Köpfchen schüttelte, tief seufzte und sich dann vergnügt die Nase putzte.

Was Henker, rief ich ihm entgegen, Hirsch Hyazinthos! machst du Gedichte? Nun, die Zeichen sind günstig, Apollo steht dir zur Seite und der Lorbeer hängt schon über deinem Haupte!

Aber ich tat dem armen Schelme Unrecht. Liebreich antwortete er: Gedichte? Nein, ich bin ein Freund von Gedichten, aber ich schreibe doch keine. Was sollte ich schreiben? Ich hatte eben nichts zu tun, und zu meinem Vergnügen machte ich mir eine Liste von den Namen derjenigen Freunde, die einst in meiner Kollekte gespielt haben. Einige davon sind mir sogar noch etwas schuldig – Glauben Sie nur nicht, Herr Doktor, ich wollte Sie mahnen – das hat Zeit, Sie sind mir gut. Hätten Sie nur zuletzt 1365 statt 1364 gespielt, so wären Sie jetzt ein Mann von hunderttausend Mark Banko, und brauchten nicht hier herumzulaufen, und könnten ruhig in Hamburg sitzen, ruhig und vergnügt, und könnten sich auf dem Sofa erzählen lassen, wie es in Italien aussieht. So wahr mir Gott helfe! ich wäre nicht hergereist, hätte ich es nicht Herrn Gumpel zuliebe getan. Ach, wieviel Hitz und Gefahr und Müdigkeit muß ich ausstehen, und wo nur eine Überspannung ist oder eine Schwärmerei, ist auch Herr Gumpel dabei, und ich muß alles mitmachen. Ich wäre schon längst von ihm gegangen, wenn er mich missen könnte. Denn wer soll nachher zu Hause erzählen, wieviel Ehre und Bildung er in der Fremde genossen? Und soll ich die Wahrheit sagen, ich selbst fang an, viel auf Bildung zu geben. In Hamburg hab ich sie gottlob nicht nötig; aber man kann nicht wissen, man kommt einmal nach einem anderen Ort. Es ist eine ganz andere Welt jetzt. Und man hat recht; so ein bißchen Bildung ziert den ganzen Menschen. Und welche Ehre hat man davon! Lady Maxfield zum Beispiel, wie hat sie mich diesen Morgen aufgenommen und honoriert! Ganz parallel wie ihresgleichen. Und sie gab mir einen Francesconi Trinkgeld, obschon die Blume nur fünf Paoli gekostet hatte. Außerdem ist es auch ein Vergnügen, wenn man den kleinen, weißen Fuß von schönen Damenpersonen in Händen hat.

Ich war nicht wenig betreten über diese letzte Bemerkung, und dachte gleich: Ist das Stichelei? Wie konnte aber der Lump schon Kenntnis haben von dem Glücke, das mir erst denselben Tag begegnet, zu derselben Zeit, als er auf der entgegengesetzten Seite des Bergs war? Gabs dort etwa eine ähnliche Szene und offenbarte sich darin die Ironie des großen Weltbühnendichters da droben, daß er vielleicht noch tausend solcher Szenen, die gleichzeitig eine die andere parodieren, zum Vergnügen der himmlischen Heerscharen aufführen ließ? Indessen beide Vermutungen waren ungegründet, denn nach langen wiederholten Fragen, und nachdem ich das Versprechen geleistet, dem Marchese nichts zu verraten, gestand mir der arme Mensch: Lady Maxfield habe noch zu Bette gelegen, als er ihr die Tulpe überreicht, in dem Augenblick, wo er seine schöne Anrede halten wollen, sei einer ihrer Füße nackt zum Vorschein gekommen, und da er Hühneraugen daran bemerkt, habe er gleich um die Erlaubnis gebeten, sie ausschneiden zu dürfen, welches auch gestattet und nachher, zugleich für die Überreichung der Tulpe, mit einem Francesconi belohnt worden sei.

Es ist mir aber immer nur um die Ehre zu tun – setzte Hyazinth hinzu –, und das habe ich auch dem Baron Rothschild gesagt, als ich die Ehre hatte, ihm die Hühneraugen zu schneiden. Es geschah in seinem Kabinett; er saß dabei auf seinem grünen Sessel, wie auf einem Thron, sprach wie ein König, um ihn herum standen seine Courtiers, und er gab seine Ordres, und schickte Stafetten an alle Könige; und wie ich ihm währenddessen die Hühneraugen schnitt, dacht ich im Herzen: Du hast jetzt in Händen den Fuß des Mannes, der selbst jetzt die ganze Welt in Händen hat, du bist jetzt ebenfalls ein wichtiger Mensch, schneidest du ihn unten ein bißchen zu scharf, so wird er verdrießlich, und schneidet oben die größten Könige noch ärger – Es war der glücklichste Moment meines Lebens!

Ich kann mir dieses schöne Gefühl vorstellen, Herr Hyazinth. Welchen aber von der Rothschildschen Dynastie haben Sie solchermaßen amputiert? War es etwa der hochherzige Brite, der Mann in Lombardstreet, der ein Leihhaus für Kaiser und Könige errichtet hat?

Versteht sich, Herr Doktor, ich meine den großen Rothschild, den großen Nathan Rothschild, Nathan den Weisen, bei dem der Kaiser von Brasilien seine diamantene Krone versetzt hat. Aber ich habe auch die Ehre gehabt, den Baron Salomon Rothschild in Frankfurt kennenzulernen, und wenn ich mich auch nicht seines intimen Fußes zu erfreuen hatte, so wußte er mich doch zu schätzen. Als der Herr Marchese zu ihm sagte, ich sei einmal Lotteriekollekteur gewesen, sagte der Baron sehr witzig: Ich bin ja selbst so etwas, ich bin ja der Oberkollekteur der Rothschildschen Lose, und mein Kollege darf beileibe nicht mit den Bedienten essen, er soll neben mir bei Tische sitzen – Und so wahr wie mir Gott alles Guts geben soll, Herr Doktor, ich saß neben Salomon Rothschild, und er behandelte mich ganz wie seinesgleichen, ganz famillionär. Ich war auch bei ihm auf dem berühmten Kinderball, der in der Zeitung gestanden. So viel Pracht bekomme ich mein Lebtag nicht mehr zu sehen. Ich bin doch auch in Hamburg auf einem Ball gewesen, der 1500 Mark und 8 Schilling kostete, aber das war doch nur wie ein Hühnerdreckchen gegen einen Misthaufen. Wieviel Gold und Silber und Diamanten habe ich dort gesehen! Wieviel Sterne und Orden! Den Falkenorden, das Goldne Vlies, den Löwenorden, den Adlerorden – sogar ein ganz klein Kind, ich sage Ihnen, ein ganz klein Kind trug einen Elefantenorden. Die Kinder waren gar schön maskiert und spielten Anleihe, und waren angezogen wie die Könige, mit Kronen auf den Köpfen, ein großer Junge aber war angezogen präzise wie der alte Nathan Rothschild. Er machte seine Sache sehr gut, hatte beide Hände in der Hosentasche, klimperte mit Geld, schüttelte sich verdrießlich, wenn einer von den kleinen Königen was geborgt haben wollte, und nur dem kleinen mit dem weißen Rock und den roten Hosen streichelte er freundlich die Backen, und lobte ihn: Du bist mein Pläsier, mein Liebling, mein' Pracht, aber dein Vetter Michel soll mir vom Leib bleiben, ich werde diesem Narrn nichts borgen, der täglich mehr Menschen ausgibt, als er jährlich zu verzehren hat, es kommt durch ihn noch ein Unglück in die Welt, und mein Geschäft wird darunter leiden. So wahr mir Gott alles Guts gebe, der Junge machte seine Sache sehr gut, besonders wenn er das dicke Kind, das in weißen Atlas mit echten silbernen Lilien gewickelt war, im Gehen unterstützte und bisweilen zu ihm sagte: Na, na, du, du, führ dich nur gut auf, ernähr dich redlich, sorg daß du nicht wieder weggejagt wirst, damit ich nicht mein Geld verliere. Ich versichere Sie, Herr Doktor, es war ein Vergnügen, den Jungen zu hören; und auch die anderen Kinder, lauter liebe Kinder, machten ihre Sache sehr gut – bis ihnen Kuchen gebracht wurde, und sie sich um das beste Stück stritten, und sich die Kronen vom Kopf rissen, und schrieen und weinten, und einige sich sogar – –

Es gibt nichts Langweiligeres auf dieser Erde, als die Lektüre einer italienischen Reisebeschreibung – außer etwa das Schreiben derselben – und nur dadurch kann der Verfasser sie einigermaßen erträglich machen, daß er von Italien selbst so wenig als möglich darin redet. Trotzdem, daß ich diesen Kunstkniff vollauf anwende, kann ich dir, lieber Leser, in den nächsten Kapiteln nicht viel Unterhaltung versprechen. Wenn du dich bei dem ennuyanten Zeug, das darin vorkommen wird, langweilst, so tröste dich mit mir, der all dieses Zeug sogar schreiben mußte. Ich rate dir, überschlage dann und wann einige Seiten, dann kömmst du mit dem Buche schneller zu Ende – ach, ich wollt, ich könnt es ebenso machen! Glaub nur nicht, ich scherze; wenn ich dir ganz ernsthaft meine Herzensmeinung über dieses Buch gestehen soll, so rate ich dir, es jetzt zuzuschlagen, und gar nicht weiter darin zu lesen. Ich will dir nächstens etwas Besseres schreiben, und wenn wir in einem folgenden Buche, in der Stadt Lucca, wieder mit Mathilden und Francesca zusammentreffen, so sollen dich die lieben Bilder viel anmutiger ergötzen, als gegenwärtiges Kapitel und gar die folgenden.

Gottlob, vor meinem Fenster erklingt ein Leierkasten mit lustigen Melodien! Mein trüber Kopf bedarf solcher Aufheiterung, besonders da ich jetzt meinen Besuch bei Seiner Exzellenz dem Marchese Christoforo di Gumpelino zu beschreiben habe. Ich will diese rührende Geschichte, ganz genau, wörtlich treu, in ihrer schmutzigsten Reinheit, mitteilen.

Es war schon spät, als ich die Wohnung des Marchese erreichte. Als ich ins Zimmer trat, stand Hyazinth allein und putzte die goldenen Sporen seines Herrn, welcher, wie ich durch die halbgeöffnete Türe seines Schlafkabinetts sehen konnte, vor einer Madonna und einem großen Kruzifixe, auf den Knieen lag.

Du mußt nämlich wissen, lieber Leser, daß der Marchese, dieser vornehme Mann, jetzt ein guter Katholik ist, daß er die Zeremonien der alleinseligmachenden Kirche streng ausübt, und sich, wenn er in Rom ist, sogar einen eignen Kapellan hält, aus demselben Grunde, weshalb er in England die besten Wettrenner und in Paris die schönste Tänzerin unterhielt.

Herr Gumpel verrichtet jetzt sein Gebet – flüsterte Hyazinth mit einem wichtigen Lächeln, und indem er nach dem Kabinette seines Herrn deutete, fügte er noch leiser hinzu: So liegt er alle Abend zwei Stunden auf den Knieen vor der Primadonna mit dem Jesuskind. Es ist ein prächtiges Kunstbild, und es kostet ihm sechshundert Francesconis.

Und Sie, Herr Hyazinth, warum knieen Sie nicht hinter ihm? Oder sind Sie etwa kein Freund von der katholischen Religion?

Ich bin ein Freund davon, und bin auch wieder kein Freund davon, antwortete jener mit bedenklichem Kopfwiegen. Es ist eine gute Religion für einen vornehmen Baron, der den ganzen Tag müßig gehen kann, und für einen Kunstkenner; aber es ist keine Religion für einen Hamburger, für einen Mann, der sein Geschäft hat, und durchaus keine Religion für einen Lotteriekollekteur. Ich muß jede Nummer, die gezogen wird, ganz exakt aufschreiben, und denke ich dann zufällig an Bum! Bum! Bum! an eine katholische Glock, oder schwebelt es mir vor den Augen, wie katholischer Weihrauch, und ich verschreib mich, und ich schreibe eine unrechte Zahl, so kann das größte Unglück daraus entstehen. Ich habe oft zu Herren Gumpel gesagt: Ew. Ex. sind ein reicher Mann und können katholisch sein soviel Sie wollen, und können sich den Verstand ganz katholisch einräuchern lassen, und können so dumm werden, wie eine katholische Glock, und Sie haben doch zu essen; ich aber bin ein Geschäftsmann, und muß meine sieben Sinne zusammenhalten, um was zu verdienen. Herr Gumpel meint freilich, es sei nötig für die Bildung, und wenn ich nicht katholisch würde, verstände ich nicht die Bilder, die zur Bildung gehören, nicht den Johann v. Viehesel, den Corretschio, den Carratschio, den Carravatschio – aber ich habe immer gedacht, der Corretschio und Carratschio und Carravatschio können mir alle nichts helfen, wenn niemand mehr bei mir spielt, und ich komme dann in die Patschio. Dabei muß ich Ihnen auch gestehen, Herr Doktor, daß mir die katholische Religion nicht einmal Vergnügen macht, und als ein vernünftiger Mann müssen Sie mir recht geben. Ich sehe das Pläsier nicht ein, es ist eine Religion als wenn der liebe Gott, Gott bewahre, eben gestorben wäre, und es riecht dabei nach Weihrauch, wie bei einem Leichenbegängnis, und dabei brummt eine so traurige Begräbnismusik, daß man die Melancholik bekömmt – ich sage Ihnen, es ist keine Religion für einen Hamburger.

Aber, Herr Hyazinth, wie gefällt Ihnen denn die protestantische Religion?

Die ist mir wieder zu vernünftig, Herr Doktor, und gäbe es in der protestantischen Kirche keine Orgel, so wäre sie gar keine Religion. Unter uns gesagt, diese Religion schadet nichts und ist so rein wie ein Glas Wasser, aber, sie hilft auch nichts. Ich habe sie probiert und diese Probe kostet mich vier Mark vierzehn Schilling –

Wieso, mein lieber Herr Hyazinth?

Sehen Sie, Herr Doktor, ich habe gedacht: das ist freilich eine sehr aufgeklärte Religion, und es fehlt ihr an Schwärmerei und Wunder; indessen, ein bißchen Schwärmerei muß sie doch haben, ein ganz klein Wunderchen muß sie doch tun können, wenn sie sich für eine honette Religion ausgeben will. Aber wer soll da Wunder tun, dacht ich, als ich mal in Hamburg eine protestantische Kirche besah, die zu der ganz kahlen Sorte gehörte, wo nichts als braune Bänke und weiße Wände sind, und an der Wand nichts als ein schwarz Täfelchen hängt, worauf ein halb Dutzend weiße Zahlen stehen. Du tust dieser Religion vielleicht Unrecht, dacht ich wieder, vielleicht können diese Zahlen ebensogut ein Wunder tun wie ein Bild von der Mutter Gottes oder wie ein Knochen von ihrem Mann, dem heiligen Joseph, und um der Sache auf den Grund zu kommen, ging ich gleich nach Altona, und besetzte eben diese Zahlen in der Altonaer Lotterie, die Ambe besetzte ich mit acht Schilling, die Terne mit sechs, die Quaterne mit vier, und die Quinterne mit zwei Schilling – Aber, ich versichere Sie auf meine Ehre, keine einzige von den protestantischen Nummern ist herausgekommen. Jetzt wußte ich was ich zu denken hatte, jetzt dacht ich, bleibt mir weg mit einer Religion die gar nichts kann, bei der nicht einmal eine Ambe herauskommt – werde ich so ein Narr sein, auf diese Religion, worauf ich schon vier Mark und vierzehn Schilling gesetzt und verloren habe, noch meine ganze Glückseligkeit zu setzen?

Die altjüdische Religion scheint Ihnen gewiß viel zweckmäßiger, mein Lieber?

Herr Doktor, bleiben Sie mir weg mit der altjüdischen Religion; die wünsche ich nicht meinem ärgsten Feind. Man hat nichts als Schimpf und Schande davon. Ich sage Ihnen, es ist gar keine Religion, sondern ein Unglück. Ich vermeide alles, was mich daran erinnern könnte, und weil Hirsch ein jüdisches Wort ist und auf deutsch Hyazinth heißt, so habe ich sogar den alten Hirsch laufen lassen, und unterschreibe mich jetzt: Hyazinth, Kollekteur, Operateur und Taxator. Dazu habe ich noch den Vorteil, daß schon ein H. auf meinem Petschaft steht und ich mir kein neues stechen zu lassen brauche. Ich versichere Ihnen, es kommt auf dieser Welt viel darauf an wie man heißt; der Name tut viel. Wenn ich mich unterschreibe: Hyazinth, Kollekteur, Operateur und Taxator, so klingt das ganz anders als schriebe ich Hirsch schlechtweg, und man kann mich dann nicht wie einen gewöhnlichen Lump behandeln.

Mein lieber Herr Hyazinth! Wer könnte Sie so behandeln! Sie scheinen schon so viel für Ihre Bildung getan zu haben, daß man in Ihnen den gebildeten Mann schon erkennt, ehe Sie den Mund auftun, um zu sprechen.

Sie haben recht, Herr Doktor, ich habe in der Bildung Fortschritte gemacht wie eine Riesin. Ich weiß wirklich nicht, wenn ich nach Hamburg zurückkehre, mit wem ich dort umgehn soll; und was die Religion anbelangt, so weiß ich was ich tue. Vorderhand aber kann ich mich mit dem neuen israelitischen Tempel noch behelfen; ich meine den reinen Mosaik-Gottesdienst, mit orthographischen deutschen Gesängen und gerührten Predigten, und einigen Schwärmereichen, die eine Religion durchaus nötig hat. So wahr mir

Gott alles Guts gebe, für mich verlange ich jetzt keine bessere Religion, und sie verdient, daß man sie unterstützt. Ich will das Meinige tun, und bin ich wieder in Hamburg, so will ich alle Sonnabend, wenn kein Ziehungstag ist, in den neuen Religion-Tempel gehen. Es gibt leider Menschen, die diesem neuen israelitischen Gottesdienst einen schlechten Namen machen, und behaupten, er gäbe, mit Respekt zu sagen, Gelegenheit zu einem Schisma – aber ich kann Ihnen versichern, es ist eine gute reinliche Religion, noch etwas zu gut für den gemeinen Mann, für den die altjüdische Religion vielleicht noch immer sehr nützlich ist. Der gemeine Mann muß eine Dummheit haben, worin er sich glücklich fühlt, und er fühlt sich glücklich in seiner Dummheit. So ein alter Jude mit einem langen Bart und zerrissenem Rock, und der kein orthographisch Wort sprechen kann und sogar ein bißchen grindig ist, fühlt sich vielleicht innerlich glücklicher als ich mich mit all meiner Bildung. Da wohnt in Hamburg, im Bäckerbreitengang, auf einem Sahl, ein Mann, der heißt Moses Lump, man nennt ihn auch Moses Lümpchen, oder kurzweg Lümpchen; der läuft die ganze Woche herum, in Wind und Wetter, mit seinem Packen auf dem Rücken, um seine paar Mark zu verdienen; wenn der nun Freitags abends nach Hause kommt, findet er die Lampe mit sieben Lichtern angezündet, den Tisch weiß gedeckt, und er legt seinen Packen und seine Sorgen von sich, und setzt sich zu Tisch mit seiner schiefen Frau und noch schieferen Tochter, ißt mit ihnen Fische, die gekocht sind in angenehm weißer Knoblauchsoße, singt dabei die prächtigsten Lieder vom König David, freut sich von ganzem Herzen über den Auszug der Kinder Israel aus Ägypten, freut sich auch, daß alle Bösewichter, die ihnen Böses getan, am Ende gestorben sind, daß

König Pharao, Nebukadnezar, Haman, Antiochus, Titus und all solche Leute tot sind, daß Lümpchen aber noch lebt und mit Frau und Kind Fisch ißt – Und ich sage Ihnen, Herr Doktor, die Fische sind delikat und der Mann ist glücklich, er braucht sich mit keiner Bildung abzuquälen, er sitzt vergnügt in seiner Religion und seinem grünen Schlafrock, wie Diogenes in seiner Tonne, er betrachtet vergnügt seine Lichter, die er nicht einmal selbst putzt – Und ich sage Ihnen, wenn die Lichter etwas matt brennen, und die Schabbesfrau, die sie zu putzen hat, nicht bei der Hand ist, und Rothschild der Große käme jetzt herein, mit all seinen Maklern, Diskonteuren, Spediteuren und Chefs de Comptoir, womit er die Welt erobert, und er spräche: Moses Lump, bitte dir eine Gnade aus, was du haben willst, soll geschehen – Herr Doktor, ich bin überzeugt, Moses Lump würde ruhig antworten: Putz mir die Lichter! und Rothschild der Große würde mit Verwunderung sagen: Wär ich nicht Rothschild, so möchte ich so ein Lümpchen sein!

Während Hyazinth solchermaßen, episch breit, nach seiner Gewohnheit, seine Ansichten entwickelte, erhob sich der Marchese von seinem Betkissen, und trat zu uns, noch immer einige Paternoster durch die Nase schnurrend. Hyazinth zog jetzt den grünen Flor über das Madonnenbild, das oberhalb des Betpultes hing, löschte die beiden Wachskerzen aus, die davor brannten, nahm das kupferne Kruzifix herab, kam damit zu uns zurück, und putzte es mit demselben Lappen und mit derselben spuckenden Gewissenhaftigkeit, womit er eben auch die Sporen seines Herrn geputzt hatte. Dieser aber war wie aufgelöst in Hitze und weicher Stimmung; statt eines Oberkleides trug er einen weiten, blauseidenen Domino mit silbernen Frangen, und seine Nase schimmerte wehmütig, wie ein verliebter Louisdor. O Jesus! – seufzte er, als er sich in die Kissen des Sofas sinken ließ – finden Sie nicht, Herr Doktor, daß ich heute abend sehr schwärmerisch aussehe? Ich bin sehr bewegt, mein Gemüt ist aufgelöst, ich ahne eine höhere Welt,

> Das Auge sieht den Himmel offen,
> Es schwelgt das Herz in Seligkeit!

Herr Gumpel, Sie müssen einnehmen – unterbrach Hyazinth die pathetische Deklamation – das Blut in Ihren Eingeweiden ist wieder schwindelig, ich weiß was Ihnen fehlt –

Du weißt nicht – seufzte der Herr.

Ich sage Ihnen, ich weiß – erwiderte der Diener, und nickte mit seinem gutmütig betätigenden Gesichtchen – ich kenne Sie ganz durch und durch, ich weiß, Sie sind ganz das Gegenteil von mir, wenn Sie Durst haben, habe ich Hunger, wenn Sie Hunger haben, habe ich Durst; Sie sind zu korpulent und ich bin zu mager, Sie haben viel Einbildung und ich habe desto mehr Geschäftssinn, ich bin ein Praktikus und Sie sind ein Diarrhetikus, kurz und gut, Sie sind ganz mein Antipodex.

Ach Julia! – seufzte Gumpelino – wär ich der gelbliederne Handschuh doch auf deiner Hand und küßte deine Wange! Haben Sie, Herr Doktor, jemals die Crelinger in Romeo und Julia gesehen?

Freilich, und meine ganze Seele ist noch davon entzückt –

Nun dann – rief der Marchese begeistert, und Feuer schoß aus seinen Augen und beleuchtete die Nase – dann verstehen Sie mich, dann wissen Sie was es heißt, wenn ich Ihnen sage: ich liebe! Ich will mich Ihnen ganz dekuvrieren. Hyazinth, geh mal hinaus –

Ich brauche gar nicht hinauszugehen – sprach dieser verdrießlich – Sie brauchen sich vor mir nicht zu genieren, ich kenne auch die Liebe, und ich weiß schon –

Du weißt nicht! rief Gumpelino.

Zum Beweise, Herr Marchese, daß ich weiß, brauche ich nur den Namen Julia Maxfield zu nennen. Beruhigen Sie sich, Sie werden wiedergeliebt – aber es kann Ihnen alles nichts helfen. Der Schwager Ihrer Geliebten läßt sie nicht aus den Augen, und bewacht sie Tag und Nacht wie einen Diamant.

O ich Unglücklicher – jammerte Gumpelino – ich liebe und bin wiedergeliebt, wir drücken uns heimlich die Hände, wir treten uns unterm Tisch auf die Füße, wir winken uns mit den Augen, und wir haben keine Gelegenheit! Wie oft stehe ich im Mondschein auf dem Balkon, und bilde mir ein ich wäre selbst die Julia, und mein Romeo oder mein Gumpelino habe mir ein Rendezvous gegeben, und ich deklamiere, ganz wie die Crelinger:

Komm Nacht! Komm Gumpelino, Tag in Nacht!
Denn du wirst ruhn auf Fittichen der Nacht,
Wie frischer Schnee auf eines Raben Rücken.
Komm milde, liebevolle Nacht! Komm, gib
Mir meinen Romeo, oder Gumpelino –

Aber ach! Lord Maxfield bewacht uns beständig, und wir sterben beide vor Sehnsuchtsgefühl! Ich werde den Tag nicht erleben, daß eine solche Nacht kommt, wo jedes reiner Jugend Blüte zum Pfande setzt, gewinnend zu verlieren! Ach! so eine Nacht wäre mir lieber, als wenn ich das große Los in der Hamburger Lotterie gewönne –

Welche Schwärmerei! – rief Hyazinth – das große Los, 100.000 Mark!

Ja, lieber als das große Los – fuhr Gumpelino fort – wär mir so eine Nacht, und ach! sie hat mir schon oft eine solche Nacht versprochen, bei der ersten Gelegenheit, und ich hab mir schon gedacht, daß sie dann des Morgens deklamieren wird, ganz wie die Crelinger:

Willst du schon gehn? Der Tag ist ja noch fern.
Es war die Nachtigall und nicht die Lerche,
Die eben jetzt dein banges Ohr durchdrang.
Sie singt des Nachts auf dem Granatbaum dort.
Glaub, Lieber, mir, es war die Nachtigall.

Das große Los für eine einzige Nacht! – wiederholte unterdessen mehrmals Hyazinth, und konnte sich nicht zufriedengeben – Ich habe eine große Meinung, Herr Marchese, von Ihrer Bildung, aber daß Sie es in der Schwärmerei so weit gebracht, hätte ich nicht geglaubt. Die Liebe sollte einem lieber sein als das große Los! Wirklich, Herr Marchese, seit ich mit Ihnen Umgang habe, als Bedienter, habe ich mir schon viel Bildung angewöhnt; aber soviel weiß ich, nicht einmal ein Achtelchen vom großen Los gäbe ich für die Liebe! Gott soll mich davor bewahren! Wenn ich auch rechne fünfhundert Mark Abzugsdekort, so bleiben doch noch immer zwölftausend Mark! – Die Liebe! Wenn ich alles zusammenrechne was mich die Liebe gekostet hat, kommen nur zwölf Mark und dreizehn Schilling heraus. Die Liebe! Ich habe auch viel Umsonstglück in der Liebe gehabt, was mich gar nichts gekostet hat; nur dann und wann habe ich mal meiner Geliebten par Complaisanz die Hühneraugen geschnitten. Ein wahres, gefühlvoll leidenschaftliches Attachement hatte ich nur ein einziges Mal, und das war die dicke Gudel vom Dreckwall. Die Frau spielte bei mir, und wenn ich kam, ihr das Los zu renovieren, drückte sie mir immer ein Stück Kuchen in die Hand, ein Stück sehr guten Kuchen; – auch hat sie mir manchmal etwas Eingemachtes gegeben, und ein Likörchen dabei, und als ich ihr einmal klagte, daß ich mit Gemütsbeschwerden behaftet sei, gab sie mir das Rezept zu den Pulvern, die ihr eigner Mann braucht. Ich brauche die Pulver noch bis zur heutigen Stunde, sie tun immer ihre Wirkung – weitere Folgen hat unsere Liebe nicht gehabt. Ich dächte, Herr Marchese, Sie brauchten mal eins von diesen Pulvern. Es war mein erstes, als ich nach Italien kam, daß ich in Mailand nach der Apotheke ging, und mir die Pulver machen ließ, und ich trage sie beständig bei mir. Warten Sie nur, ich will sie suchen, und wenn ich suche so finde ich sie, und wenn ich sie finde so müssen sie Ew. Exzellenz einnehmen.

Es wäre zu weitläuftig, wenn ich den Kommentar wiederholen wollte, womit der geschäftige Sucher jedes Stück begleitete, das er aus seiner Tasche kramte. Da kam zum Vorschein: 1. ein halbes Wachslicht, 2. ein silbernes Etui, worin die Instrumente zum Schneiden der Hühneraugen, 3. eine Zitrone, 4. eine Pistole, die obgleich nicht geladen, dennoch mit Papier umwickelt war, vielleicht damit ihr Anblick keine gefährliche Träume verursache, 5. eine gedruckte Liste von der letzten Ziehung der großen Hamburger Lotterie, 6. ein schwarzledernes Büchlein, worin die Psalmen Davids und die ausstehenden Schulden, 7. ein dürres Weidensträußchen, wie zu einem Knoten verschlungen, 8. ein Päckchen, das mit verblichenem Rosataffet überzogen war und die Quittung eines Lotterieloses enthielt, das einst fünfzigtausend Mark gewonnen, 9. ein plattes Stück Brot, wie weißgebackner Schiffszwieback, mit einem kleinen Loch in der Mitte, und endlich 10. die oben erwähnten Pulver, die der kleine Mann mit einer gewissen Rührung und mit seinem verwundert wehmütigen Kopfschütteln betrachtete.

Wenn ich bedenke – seufzte er – daß mir vor zehn Jahren die dicke Gudel dies Rezept gegeben, und daß ich jetzt in Italien bin und dasselbe Rezept in Händen habe, und wieder die Worte lese: *sal mirabile Glauberi*, das heißt auf deutsch extra feincs Glaubensalz von der besten Sorte – ach, da ist mir zumut, als hätte ich das Glaubensalz selbst schon eingenommen und als fühlte ich die Wirkung. Was ist der Mensch! Ich bin in Italien und denke an die dicke Gudel vom Dreckwall! Wer hätte das gedacht! Ich kann mir vorstellen, sie ist jetzt auf dem Lande, in ihrem Garten, wo der Mond scheint, und gewiß auch eine Nachtigall singt oder eine Lerche –

Es ist die Nachtigall und nicht die Lerche! seufzte Gumpelino dazwischen, und deklamierte vor sich hin:

Sie singt des Nachts auf dem Granatbaum dort;
Glaub, Lieber, mir, es war die Nachtigall.

Das ist ganz einerlei – fuhr Hyazinth fort – meinethalben ein Kanarienvogel, die Vögel die man im Garten hält, kosten am wenigsten. Die Hauptsache ist das Treibhaus, und die Tapeten im Pavillon und die Staatsfiguren, die davorstehen, und da stehen, zum Beispiel, ein nackter General von den Göttern und die Venus Urinia, die beide dreihundert Mark kosten. Mitten im Garten hat sich die Gudel auch eine Fontenelle anlegen lassen – Und da steht sie vielleicht jetzt und puhlt sich die Nase, und macht sich ein Schwärmereivergnügen und denkt an mich – Ach!

Nach diesem Seufzer erfolgte eine sehnsüchtige Stille, die der Marchese endlich unterbrach, mit der schmachtenden Frage: Sage mir auf deine Ehre, Hyazinth, glaubst du wirklich, daß dein Pulver wirken wird?

Es wird auf meine Ehre wirken, erwiderte jener. Warum soll es nicht wirken? Wirkt es doch bei mir! Und bin ich denn nicht ein lebendiger Mensch so gut wie Sie? Glaubensalz macht alle Menschen gleich; und wenn Rothschild Glaubensalz einnimmt, fühlt er dieselbe Wirkung wie das kleinste Maklerchen. Ich will Ihnen alles voraussagen: Ich schütte das Pulver in ein Glas, gieße Wasser dazu, rühre es, und sowie Sie das hinuntergeschluckt haben, ziehen Sie ein saures Gesicht und sagen Prr! Prr! Hernach hören Sie selbst wie es in Ihnen herumkullert, und es ist Ihnen etwas kurios zumut und Sie legen sich zu Bett, und ich gebe Ihnen mein Ehrenwort, Sie stehen wieder auf, und Sie legen sich wieder, und stehen wieder auf, und so fort, und den andern Morgen fühlen Sie sich leicht wie ein Engel mit weißen Flügeln, und Sie tanzen vor Gesundeswohlheit, nur ein bißchen blaß sehen Sie dann aus; aber ich weiß, Sie sehen gern schmachtend blaß aus, und wenn Sie schmachtend blaß aussehen, sieht man Sie gern.

Obgleich Hyazinth solchermaßen zuredete, und schon das Pulver bereitete, hätte das doch wenig gefruchtet, wenn nicht dem Marchese plötzlich die Stelle, wo Julia den verhängnisvollen Trank einnimmt, in den Sinn gekommen wäre. Was halten Sie Doktor – rief er – von der Müller in Wien? Ich habe sie als Julia gesehen, und Gott! Gott! wie spielt sie! Ich bin doch der größte Enthusiast für die Crelinger, aber die Müller, als sie den Becher austrank, hat mich hingerissen. Sehen Sie – sprach er, indem er mit tragischer Gebärde das Glas, worin Hyazinth das Pulver geschüttet, zur Hand nahm – sehen Sie, so hielt sie den Becher und schauderte, daß man alles mitfühlte wenn sie sagte:

Kalt rieselt matter Schaur durch meine Adern,
Der fast die Lebenswärm erstarren macht!

Und so stand sie, wie ich jetzt stehe, und hielt den Becher an die Lippen, und bei den Worten:

Weile, Tybalt!
Ich komme Romeo! Dies trink ich dir.

Da leerte sie den Becher –

Wohl bekomme es Ihnen, Herr Gumpel! sprach Hyazinth mit feierlichem Tone; denn der Marchese hatte in nachahmender Begeisterung das Glas ausgetrunken, und sich, erschöpft von der Deklamation, auf das Sofa hingeworfen.

Er verharrte jedoch nicht lange in dieser Lage; denn es klopfte plötzlich jemand an die Türe, und herein trat Lady Maxfields kleiner Jockey, der dem Marchese, mit lächelnder Verbeugung, ein Billett überreichte und sich gleich wieder empfahl. Hastig erbrach jener das Billett; während er las, leuchteten Nase und Augen vor Entzücken, jedoch plötzlich überflog eine Geisterblässe sein ganzes Gesicht, Bestürzung zuckte in jeder Muskel, mit Verzweiflungsgebärden sprang er auf, lachte grimmig, rannte im Zimmer umher, und schrie:

Weh mir, ich Narr des Glücks!

Was ist? Was ist? frug Hyazinth mit zitternder Stimme, und indem er krampfhaft das Kruzifix, woran er wieder putzte, in zitternden Händen hielt – Werden wir diese Nacht überfallen?

Was ist Ihnen, Herr Marchese, frug ich, ebenfalls nicht wenig erstaunt.

Lest! lest! – rief Gumpelino, indem er uns das empfangene Billett hinwarf, und immer noch verzweiflungsvoll im Zimmer umherrannte, wobei sein blauer Domino ihn wie eine Sturmwolke umflatterte – Weh mir, ich Narr des Glücks!

In dem Billette aber lasen wir folgende Worte:

Süßer Gumpelino! Sobald es tagt, muß ich nach England abreisen. Mein Schwager ist indessen schon vorangeeilt und erwartet mich in Florenz. Ich bin jetzt unbeobachtet, aber leider nur diese einzige Nacht – Laß uns diese benutzen, laß uns den Nektarkelch, den uns die Liebe kredenzt, bis auf den letzten Tropfen leeren. Ich harre, ich zittere –
Julia Maxfield.

Weh mir, ich Narr des Glücks! jammerte Gumpelino – die Liebe will mir ihren Nektarkelch kredenzen, und ich, ach! ich Hansnarr des Glücks, ich habe schon den Becher des Glaubensalzes geleert! Wer bringt mir den schrecklichen Trank wieder aus dem Magen? Hülfe! Hülfe!

Hier kann kein irdischer Lebensmensch mehr helfen, seufzte Hyazinth.

Ich bedauere Sie von ganzem Herzen, kondolierte ich ebenfalls. Statt eines Kelchs mit Nektar ein Glas mit Glaubersalz zu genießen, das ist bitter! Statt des Thrones der Liebe harrt Ihrer jetzt der Stuhl der Nacht!

O Jesus! O Jesus! – schrie der Marchese noch immer – Ich fühle, wie es durch alle meine Adern rinnt – O wackerer

Apotheker! dein Trank wirkt schnell – aber ich lasse mich doch nicht dadurch abhalten, ich will zu ihr eilen, zu ihren Füßen will ich niedersinken, und da verbluten!

Von Blut ist gar nicht die Rede – begütigte Hyazinth – Sie haben ja keine Homeriden. Sein Sie nur nicht leidenschaftlich –

Nein, nein! ich will zu ihr hin, in ihren Armen – o Nacht! o Nacht –

Ich sage Ihnen – fuhr Hyazinth fort mit philosophischer Gelassenheit – Sie werden in ihren Armen keine Ruhe haben, Sie werden zwanzigmal aufstehen müssen. Sein Sie nur nicht leidenschaftlich. Je mehr Sie im Zimmer auf und ab springen und je mehr Sie sich alterieren, desto schneller wirkt das Glaubensalz. Ihr Gemüt spielt der Natur in die Hände. Sie müssen wie ein Mann tragen, was das Schicksal über Sie beschlossen hat. Daß es so gekommen ist, ist vielleicht gut, und es ist vielleicht gut, daß es so gekommen ist. Der Mensch ist ein irdisches Wesen und begreift nicht die Fügung der Göttlichkeit. Der Mensch meint oft, er ginge seinem Glück entgegen, und auf seinem Wege steht vielleicht das Unglück mit einem Stock, und wenn ein bürgerlicher Stock auf einen adeligen Rücken kommt, so fühlts der Mensch, Herr Marchese.

Weh mir, ich Narr des Glücks! tobte noch immer Gumpelino, sein Diener aber sprach ruhig weiter:

Der Mensch erwartet oft einen Kelch mit Nektar, und er kriegt eine Prügelsuppe, und ist auch Nektar süß, so sind doch Prügel desto bitterer; und es ist noch ein wahres Glück, daß der Mensch, der den andern prügelt, am Ende müde wird, sonst könnte es der andere wahrhaftig nicht aushalten. Gefährlicher ist aber noch, wenn das Unglück mit Dolch und Gift, auf dem Wege der Liebe, dem Menschen auflauert, so daß er seines Lebens nicht sicher ist. Vielleicht, Herr Marchese, ist es wirklich gut, daß es so gekommen ist, denn vielleicht wären Sie in der Hitze der Liebe zu der Geliebten hingelaufen, und auf dem Wege wäre ein kleiner Italiener mit einem Dolch, der sechs Brabanter Ellen lang ist, auf Sie losgerannt, und hätte Sie – ich will meinen Mund nicht zum Bösen auftun – bloß in die Wade gestochen. Denn hier kann man nicht, wie in Hamburg, gleich die Wache rufen, und in den Apenninen gibt es keine Nachtwächter. Oder vielleicht gar – fuhr der unerbittliche Tröster fort, ohne durch die Verzweiflung des Marchese sich im mindesten stören zu lassen – vielleicht gar, wenn Sie bei Lady Maxfield ganz wohl und warm säßen, käme plötzlich der Schwager von der Reise zurück und setzte Ihnen die geladene Pistole auf die Brust, und ließe Sie einen Wechsel unterschreiben von hunderttausend Mark. Ich will meinen Mund nicht zum Bösen auftun, aber ich setze den Fall: Sie wären ein schöner Mensch, und Lady Maxfield wäre in Verzweiflung, daß sie den schönen Menschen verlieren soll, und eifersüchtig, wie die Weiber sind, wollte sie nicht, daß eine andre sich nachher an Ihnen beglücke – Was tut sie? Sie nimmt eine Zitrone oder eine Orange, und schüttet ein klein weiß Pülverchen hinein, und sagt: Kühle dich, Geliebter, du hast dich heiß gelaufen – und den andern Morgen sind Sie wirklich ein kühler Mensch. Da war ein Mann, der hieß Pieper und der hatte eine Leidenschaftsliebe mit einer Mädchenperson, die das Posaunenengelhannchen hieß, und die wohnte auf der Kaffeemacherei und der Mann wohnte in der Fuhlentwiete –

Ich wollte, Hirsch – schrie wütend der Marchese, dessen Unruhe den höchsten Grad erreicht hatte – ich wollt, dein Pieper von der Fuhlentwiete, und sein Posaunenengel von der Kaffeemacherei, und du und die Gudel, Ihr hättet mein Glaubensalz im Leibe!

Was wollen Sie von mir, Herr Gumpel? – versetzte Hyazinth, nicht ohne Anflug von Hitze – Was kann ich dafür, daß Lady Maxfield just heut nacht abreisen will und Sie just heute invitiert? Konnt ich das vorauswissen? Bin ich Aristoteles? Bin ich bei der Vorsehung angestellt? Ich habe bloß versprochen, daß das Pulver wirken soll, und es wirkt so sicher, wie ich einst selig werde, und wenn Sie so disparat und leidenschaftlich mit solcher Raserei hin und her laufen, so wird es noch schneller wirken –

So will ich mich ruhig hinsetzen! ächzte Gumpelino, stampfte den Boden, warf sich ingrimmig aufs Sofa, unterdrückte gewaltsam seine Wut und Herr und Diener sahen sich lange schweigend an, bis jener endlich nach einem tiefen Seufzer und fast kleinlaut ihn anredete:

Aber Hirsch, was soll die Frau von mir denken, wenn ich nicht komme? Sie wartet jetzt auf mich, sie harrt sogar, sie zittert, sie glüht vor Liebe –

Sie hat einen schönen Fuß – sprach Hyazinth in sich hinein und schüttelte wehmütig sein Köpflein. In seiner Brust aber schien es sich gewaltig zu bewegen, unter seinem roten Rocke arbeitete sichtbar ein kühner Gedanke –

Herr Gumpel – sprach es endlich aus ihm hervor – Schicken Sie mich!

Bei diesen Worten zog eine hohe Röte über das bläßliche Geschäftsgesicht.

Als Candide nach Eldorado kam, sah er auf der Straße mehrere Buben, die mit großen Goldklumpen statt mit Steinen spielten. Dieser Luxus machte ihn glauben, es seien das Kinder des Königs, und er war nicht wenig verwundert, als er vernahm, daß in Eldorado die Goldklumpen ebenso wertlos sind, wie bei uns die Kieselsteine, und daß die Schulknaben damit spielen. Einem meiner Freunde, einem Ausländer, ist etwas Ähnliches begegnet, als er nach Deutschland kam und zuerst deutsche Bücher las, und über den Gedankenreichtum, welchen er darin fand, sehr erstaunte; bald aber merkte er, daß Gedanken in Deutschland so häufig sind, wie Goldklumpen in Eldorado, und daß jene Schriftsteller, die er für Geistesprinzen gehalten, nur gewöhnliche Schulknaben waren.

Diese Geschichte kommt mir immer in den Sinn, wenn ich im Begriff stehe, die schönsten Reflexionen über Kunst und Leben niederzuschreiben, und dann lache ich, und behalte lieber meine Gedanken in der Feder, oder kritzele statt dieser irgendein Bild oder Figürchen auf das Papier, und überrede mich, solche Tapeten seien in Deutschland, dem geistigen Eldorado, weit brauchbarer als die goldigsten Gedanken.

Auf der Tapete, die ich dir jetzt zeige, lieber Leser, siehst du wieder die wohlbekannten Gesichter Gumpelinos und seines Hirsch-Hyazinthos, und wenn auch jener mit minder bestimmten Zügen dargestellt ist, so hoffe ich doch, du wirst scharfsinnig genug sein, einen Negationscharakter ohne allzu positive Bezeichnungen zu begreifen. Letztere könnten mir einen Injurienprozeß zuwege bringen, oder gar noch bedenklichere Dinge. Denn der Marchese ist mächtig durch Geld und Verbindungen. Dabei ist er der natürliche Alliierte meiner Feinde, er unterstützt sie mit Subsidien, er ist Aristokrat, Ultra-Papist, nur etwas fehlte ihm noch – je nun, auch das wird er sich schon anlehren lassen – er hat das Lehrbuch dazu in den Händen, wie du auf der Tapete sehen wirst.

Es ist wieder Abend, auf dem Tische stehen zwei Armleuchter mit brennenden Wachskerzen, ihr Schimmer spielt über die goldenen Rahmen der Heiligenbilder, die, an der Wand hängend, durch das flackernde Licht und die beweglichen Schatten zu leben scheinen. Draußen, vor dem Fenster, stehen im silbernen Mondschein, unheimlich bewegungslos, die düstern Zypressen, und in der Ferne ertönt ein trübes Marienliedchen, in abgebrochenen Lauten und wie von einer kranken Kinderstimme. Es herrscht eine eigene Schwüle im Zimmer, der Marchese Christoforo di Gumpelino sitzt, oder vielmehr liegt wieder, nachlässig vornehm, auf den Kissen des Sofas, der edle schwitzende Leib ist wieder mit dem dünnen, blauseidenen Domino bekleidet, in den Händen hält er ein Buch, das in rotes Saffianpapier mit Goldschnitt gebunden ist, und deklamiert daraus laut und schmachtend. Sein Auge hat dabei einen gewissen klebrigten Lustre, wie er verliebten Katern eigen zu sein pflegt, und seine Wangen, sogar die beiden Seitenflügel der Nase, sind etwas leidend blaß. Jedoch, lieber Leser, die Blässe ließe sich wohl philosophisch anthropologisch erklären, wenn man bedenkt, daß der Marchese den Abend vorher ein ganzes Glas Glaubersalz verschluckt hat.

Hirsch-Hyazinthos aber kauert am Boden des Zimmers, und mit einem großen Stück weißer Kreide zeichnet er auf das braune Estrich, in großem Maßstabe ungefähr folgende Charaktere:

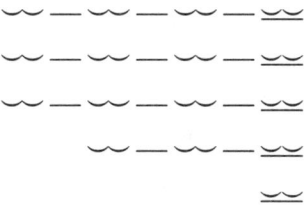

Dieses Geschäft scheint dem kleinen Manne ziemlich sauer zu werden; keuchend, bei dem jedesmaligen Bücken, murmelt er verdrießlich: Spondeus, Trochäus, Jambus, Antispaß, Anapäst und die Pest! Dazu hat er, um der bequemeren Bewegung willen, den roten Oberrock abgelegt, und zum Vorschein kommen zwei kurze, demütige Beinchen in engen Scharlachhosen, und zwei etwas längere abgemagerte Arme in weißen, schlotternden Hemdärmeln.

Was sind das für sonderbare Figuren, frug ich ihn, als ich diesem Treiben eine Weile zugesehen.

Das sind Füße in Lebensgröße – ächzte er zur Antwort – und ich geplagter Mann muß diese Füße im Kopf behalten, und meine Hände tun mir schon weh von all den Füßen, die ich jetzt aufschreiben muß. Es sind die wahren, echten Füße von der Poesie. Wenn ich es nicht meiner Bildung wegen täte, so ließe ich die Poesie laufen mit allen ihren Füßen. Ich habe jetzt bei dem Herrn Marchese Privatunterricht in der Poesiekunst. Der Herr Marchese liest mir die Gedichte vor, und expliziert mir, aus wieviel Füßen sie bestehen, und ich muß sie notieren und dann nachrechnen, ob das Gedicht richtig ist.

Sie treffen uns – sprach der Marchese, didaktisch pathetischen Tones – wirklich in einer poetischen Beschäftigung. Ich weiß wohl, Doktor, Sie gehören zu den Dichtern, die einen eigensinnigen Kopf haben, und nicht einsehen, daß die Füße in der Dichtkunst die Hauptsache sind. Ein gebildetes Gemüt wird aber nur durch die gebildete Form angesprochen, diese können wir nur von den Griechen lernen und von neueren Dichtern, die griechisch streben, griechisch denken, griechisch fühlen, und in solcher Weise ihre Gefühle an den Mann bringen.

Versteht sich an den Mann, nicht an die Frau, wie ein

unklassischer romantischer Dichter zu tun pflegt – bemerkte meine Wenigkeit.

Herr Gumpel spricht zuweilen wie ein Buch, flüsterte mir Hyazinth von der Seite zu, preßte die schmalen Lippen zusammen, blinzelte mit stolz vergnügten Äuglein, und schüttelte das wunderstaunende Häuptlein. Ich sage Ihnen – setzte er etwas lauter hinzu – wie ein Buch spricht er zuweilen, er ist dann sozusagen kein Mensch mehr, sondern ein höheres Wesen, und ich werde dann wie dumm, je mehr ich ihn anhöre.

Und was haben Sie denn jetzt in den Händen? frug ich den Marchese.

Brillanten! antwortete er und überreichte mir das Buch.

Bei dem Wort »Brillanten« sprang Hyazinth in die Höhe; doch als er nur ein Buch sah, lächelte er mitleidigen Blicks. Dieses brillante Buch aber hatte auf dem Vorderblatte folgenden Titel:

Gedichte von August Grafen von Platen; Stuttgart und Tübingen. Verlag der J. G. Cotta'schen Buchhandlung. 1828.

Auf dem Hinterblatte stand zierlich geschrieben: »Geschenk warmer brüderlicher Freundschaft«. Dabei roch das Buch nach jenem seltsamen Parfüm, der mit Eau de Cologne nicht die mindeste Verwandtschaft hat, und vielleicht auch dem Umstande beizumessen war, daß der Marchese die ganze Nacht darin gelesen hatte.

Ich habe die ganze Nacht kein Auge zutun können – klagte er mir – ich war so sehr bewegt, ich mußte eilfmal aus dem Bette steigen, und zum Glück hatte ich dabei diese vortreffliche Lektüre, woraus ich nicht bloß Belehrung für die Poesie, sondern auch Trost für das Leben geschöpft habe. Sie sehen, wie sehr ich das Buch geehrt, es fehlt kein einziges Blatt, und doch, wenn ich so saß wie ich saß, kam ich manchmal in Versuchung –

Das wird mehreren passiert sein, Herr Marchese.

Ich schwöre Ihnen bei Unserer Lieben Frau von Loretto und so wahr ich ein ehrlicher Mann bin – fuhr jener fort – diese Gedichte haben nicht ihresgleichen. Ich war, wie Sie wissen, gestern abend in Verzweiflung, sozusagen, au désespoir, als das Fatum mir nicht vergönnte, meine Julia zu besitzen – da las ich diese Gedichte, jedesmal ein Gedicht wenn ich aufstehen mußte, und eine solche Gleichgültigkeit gegen die Weiber war die Folge, daß mir mein eigener Liebesschmerz zuwider wurde. Das ist eben das Schöne an diesem Dichter, daß er nur für Männer glüht, in warmer Freundschaft; er gibt uns den Vorzug vor dem weiblichen Geschlechte, und schon für diese Ehre sollten wir ihm dankbar sein. Er ist darin größer als alle andern Dichter, er schmeichelt nicht dem gewöhnlichen Geschmack des großen Haufens, er heilt uns von unserer Passion für die Weiber, die uns so viel Unglück zuzieht – O Weiber! Weiber! wer uns von Euren Fesseln befreit, der ist ein Wohltäter der Menschheit. Es ist ewig schade, daß Shakespeare sein eminentes theatralisches Talent nicht dazu benutzt hat, denn er soll, wie ich hier zuerst lese, nicht minder großherzig gefühlt haben als der große Graf Platen, der in seinen Sonetten von Shakespeare sagt:

Nicht Mädchenlaunen störten deinen Schlummer,
Doch stets um Freundschaft sehn wir warm dich ringen:
Dein Freund errettet dich aus Weiberschlingen,
Und seine Schönheit ist dein Ruhm und Kummer.

Während der Marchese diese Worte mit warmem Gefühl deklamierte, und der glatte Mist ihm gleichsam auf der Zunge schmolz, schnitt Hyazinth die widersprechendsten Gesichter, zugleich verdrießlich und beifällig, und endlich sprach er:

Herr Marchese, Sie sprechen wie ein Buch, auch die Verse gehen Ihnen wieder so leicht ab wie diese Nacht, aber ihr Inhalt will mir nicht gefallen. Als Mann fühle ich mich geschmeichelt, daß der Graf Platen uns den Vorzug gibt vor den Weibern, und als Freund von den Weibern bin ich wieder ein Gegner von solch einem Manne. So ist der Mensch! Der eine ißt gern Zwiebeln, der andere hat mehr Gefühl für warme Freundschaft, und ich, als ehrlicher Mann, muß aufrichtig gestehen, ich esse gern Zwiebeln, und eine schiefe Köchin ist mir lieber als der schönste Schönheitsfreund. Ja, ich muß gestehen, ich sehe nicht so viel Schönes am männlichen Geschlecht, daß man sich darin verlieben sollte.

Diese letzteren Worte sprach Hyazinth, während er sich musternd im Spiegel betrachtete, der Marchese aber ließ sich nicht stören und deklamierte weiter:

»Der Hoffnung Schaumgebäude bricht zusammen,
Wir mühn uns, ach! und kommen nicht zusammen:
Mein Name klingt aus deinem Mund melodisch,
Doch reihst du selten dies Gedicht zusammen;
Wie Sonn und Mond uns stets getrennt zu halten,
Verschworen Sitte sich und Pflicht zusammen,
Laß Haupt an Haupt uns lehnen, denn es taugen
Dein dunkles Haar, mein hell Gesicht zusammen!
Doch ach! ich träume, denn du ziehst von hinnen,
Eh noch das Glück uns brachte dicht zusammen:
Die Seelen bluten, da getrennt die Leiber,
O wärens Blumen, die man flicht zusammen!«

Eine komische Poesie! – rief Hyazinth, der die Reime nach-
murmelte – Sitte sich und Pflicht zusammen, Gesicht zusammen, dicht zusammen, flicht zusammen! komische Poesie!
Mein Schwager, wenn er Gedichte liest, macht oft den Spaß,
daß er am Ende jeder Zeile die Worte »von vorn« und »von
hinten« abwechselnd hinzusetzt; und ich habe nie gewußt,
daß die Poesiegedichte, die dadurch entstehen, Ghaselen
heißen. Ich muß einmal die Probe machen, ob das Gedicht,
das der Herr Marchese deklamiert hat, nicht noch schöner
wird, wenn man nach dem Wort zusammen jedesmal, mit
Abwechslung »von vorn« und »von hinten« setzt; die Poesie
davon wird gewiß zwanzig Prozent stärker.

Ohne auf dieses Geschwätz zu achten, fuhr der Marchese
fort im Deklamieren von Ghaselen und Sonetten, worin der
Liebende seinen Schönheitsfreund besingt, ihn preist, sich
über ihn beklagt, ihn des Kaltsinns beschuldigt, Pläne schmie-
det, um zu ihm zu gelangen, mit ihm äugelt, eifersüchtelt,
schmächtelt, eine ganze Skala von Zärtlichkeiten durchliebelt,
und zwar so warmselig, betastungssüchtig und anlockend,
daß man glauben sollte, der Verfasser sei ein manntolles
Mägdlein – Nur müßte es dann einigermaßen befremden,
daß dieses Mägdlein beständig jammert, ihre Liebe sei gegen
die »Sitte« daß sie gegen »diese trennende Sitte« so bitter ge-
stimmt ist, wie ein Taschendieb gegen die Polizei, daß sie lie-
bend »die Lende« des Freundes umschlingen möchte, daß sie
sich über »Neider« beklagt, »die sich schlau vereinen, um uns
zu hindern und getrennt zu halten«, daß sie über verletzende
Kränkungen klagt von seiten des Freundes, daß sie ihm versichert, sie wolle ihn nur flüchtig erblicken, ihm beteuert »Nicht
eine Silbe soll dein Ohr erschrecken!« und endlich gesteht.

»Mein Wunsch bei andern zeugte Widerstreben,
Du hast ihn nicht erhört, doch abgeschlagen
Hast du ihn auch nicht, o mein süßes Leben!«

Ich muß dem Marchese das Zeugnis erteilen, daß er diese Gedichte gut vortrug, hinlänglich dabei seufzte, ächzte
und auf dem Sofa hin und her rutschend gleichsam mit dem
Gesäße kokettierte. Hyazinth versäumte keineswegs, immer
die Reime nachzuplappern, wenn er auch ungehörige Bemerkungen dazwischenschwätzte. Den Oden schenkte er die
meiste Aufmerksamkeit. Man kann bei dieser Sorte, sagte er,
weit mehr lernen als bei Saunetten und Ghaselen; da bei den
Oden die Füße oben ganz besonders abgedruckt sind, kann
man jedes Gedicht mit Bequemlichkeit nachrechnen. Jeder
Dichter sollte, wie der Graf Platen, bei seinen schwierigsten
Poesiegedichten, die Füße oben drucken und zu den Leuten
sagen: Seht ich bin ein ehrlicher Mann, ich will Euch nicht
betrügen, diese krummen und geraden Striche, die ich vor
jedes Gedicht setze, sind sozusagen ein Conto finto von jedem Gedicht, und Ihr könnt nachrechnen, wieviel Mühe es
mich gekostet, sie sind, sozusagen, das Ellenmaß von jedem
Gedichte, und Ihr könnt nachmessen, und fehlt daran eine
einzige Silbe, so sollt Ihr mich einen Spitzbuben nennen, so
wahr ich ein ehrlicher Mann bin. Aber eben durch diese
ehrliche Miene, kann das Publikum betrogen werden. Eben
wenn die Füße vor dem Gedichte angegeben sind, denkt man:
Ich will kein mißtrauischer Mensch sein, wozu soll ich dem
Manne nachzählen, er ist gewiß ein ehrlicher Mann und man
zählt nicht nach und wird betrogen. Und kann man immer
nachrechnen? Wir sind jetzt in Italien und da habe ich Zeit,
die Füße mit Kreide auf die Erde zu schreiben und jede Ode

zu kollationieren. Aber in Hamburg, wo ich mein Geschäft habe, fehlt mir die Zeit dazu, und ich müßte dem Grafen Platen ungezählt trauen, wie man traut bei den Geldbeuteln von der Kurantkasse, worauf geschrieben steht, wieviel Hundert Taler darin enthalten – sie gehen versiegelt von Hand zu Hand, jeder traut dem andern, daß so viel darin enthalten ist, wie darauf steht, und es gibt doch Beispiele, daß ein Müßiggänger, der nicht viel zu tun hatte, so einen Beutel geöffnet und nachgezählt und ein paar Taler zuwenig darin gefunden hat. So kann auch in der Poesie viel Spitzbüberei vorfallen. Besonders wenn ich an Geldbeutel denke, werde ich mißtrauisch. Denn mein Schwager hat mir erzählt: im Zuchthaus zu Odensee sitzt – ein gewisser jemand, der bei der Post angestellt war, und die Geldbeutel, die durch seine Hände gingen, unehrlich geöffnet und unehrlich Geld herausgenommen, und sie wieder künstlich zugenäht und weitergeschickt hat. Hört man von solcher Geschicklichkeit, so verliert man das menschliche Zutrauen und wird ein mißtrauischer Mensch. Es gibt jetzt viel Spitzbüberei in der Welt, und es ist gewiß in der Poesie wie in jedem anderen Geschäft.

Die Ehrlichkeit – fuhr Hyazinth fort, während der Marchese weiter deklamierte, ohne unserer zu achten, ganz versunken in Gefühl – die Ehrlichkeit, Herr Doktor ist die Hauptsache, und wer kein ehrlicher Mann ist, den betrachte ich wie einen Spitzbuben, und wen ich wie einen Spitzbuben betrachte, von dem kaufe ich nichts, von dem lese ich nichts, kurz ich mache kein Geschäft mit ihm. Ich bin ein Mann, Herr Doktor, der sich auf nichts etwas einbildet, wenn ich mir aber etwas einbilden wollte auf etwas, so würde ich mir etwas darauf einbilden, daß ich ein ehrlicher Mann bin. Ich will Ihnen einen edlen Zug von mir erzählen, und Sie werden staunen – ich sag Ihnen, Sie werden staunen, so wahr ich ein ehrlicher Mann bin. Da wohnt ein Mann in Hamburg auf dem Speersort, und der ist ein Krautkrämer, und heißt Klötzchen, das heißt, ich heiße den Mann Klötzchen, weil wir gute Freunde sind, sonst heißt der Mann Herr Klotz. Auch seine Frau muß man Madame Klotz nennen, und sie hat nie leiden können, daß ihr Mann bei mir spielte, und wenn ihr Mann bei mir spielen wollte, so durfte ich mit dem Lotterielos nicht zu ihm ins Haus kommen, und er sagte mir immer auf der Straße: die und die Nummer will ich bei dir spielen und hier hast du das Geld, Hirsch! Und ich sagte dann: gut, Klötzchen! Und kam ich nach Hause, so legte ich die Nummer kuvertiert für ihn aparte, und schrieb auf das Kuvert mit deutschen Buchstaben: für Rechnung des Herrn Christian Hinrich Klotz. Und nun hören Sie und staunen Sie: Es war ein schöner Frühlingstag, und die Bäume an der Börse waren grün, und die Zephirlüfte waren angenehm, und die Sonne glänzte am Himmel, und ich stand an der Hamburger Bank. Da kommt Klötzchen, mein Klötzchen, und hat am Arm seine dicke Madam Klotz, und grüßt mich zuerst, und spricht von der Frühlingspracht Gottes, macht auch einige patriotische Bemerkungen über das Bürgermilitär, und er fragt mich wie die Geschäfte gehen, und ich erzähle ihm, daß vor einigen Stunden wieder einer am Pranger gestanden, und so im Gespräch sagt er mir: gestern nacht habe ich geträumt, Nummero 1538 wird als das große Los herauskommen – und in demselben Moment, während Madame Klotz die Kaiserstatisten vor dem Rathaus betrachtet, drückt er mir dreizehn vollwichtige Stück Louisdor in die Hand – ich meine ich fühle sie noch jetzt – und ehe Madam Klotz sich wieder herumdreht, sag ich: gut, Klötzchen! und gehe weg.

Und ich gehe direktement, ohne mich umzusehen, nach der Hauptkollekte und hole mir Nummero 1538, und kuvertiere sie sobald ich nach Hause komme, und schreibe auf das Kuvert: für Rechnung des Herrn Christian Hinrich Klotz. Und was tut Gott? Vierzehn Tage nachher, um meine Ehrlichkeit auf die Probe zu stellen, läßt er Numero 1538 herauskommen mit einem Gewinn von 50.000 Mark. Was tut aber Hirsch, derselbe Hirsch, der jetzt vor Ihnen steht? Dieser Hirsch zieht ein reines weißes Oberhemdchen und ein reines weißes Halstuch an, und nimmt sich eine Droschke, und holt sich bei der Hauptkollekte seine 50.000 Mark und fährt damit nach dem Speersort – Und wie mich Klötzchen sieht, fragt er: Hirsch warum bist du heut so geputzt? Ich aber antworte kein Wort, und setze einen großen Überraschungsbeutel mit Gold auf den Tisch, und rede ganz feierlich: Herr Christian Hinrich Klotz! die Nummero 1538, die Sie so gütig waren bei mir zu bestellen, hat das Glück gehabt, 50.000 Mark zu gewinnen, in diesem Beutel habe ich die Ehre Ihnen das Geld zu präsentieren, und ich bin so frei, mir eine Quittung auszubitten! Wie Klötzchen das hört, fängt er an zu weinen, wie Madam Klotz die Geschichte hört, fängt sie an zu weinen, die rote Magd weint, der krumme Ladendiener weint, die Kinder weinen, und ich? ein Rührungsmensch, wie ich bin, konnte ich doch nicht weinen, und fiel erst in Ohnmacht, und erst nachher kamen mir die Tränen aus den Augen wie ein Wasserbach, und ich weinte drei Stunden.

Die Stimme des kleinen Menschen bebte als er dieses erzählte, und feierlich zog er ein schon erwähntes Päckchen aus der Tasche, wickelte davon den schon verbliebenen Rosataffet, und zeigte mir den Schein, worin Christian Hinrich Klotz den richtigen Empfang der 50.000 Mark quittierte. Wenn ich sterbe – sprach Hyazinth, eine Träne im Auge – soll man mir diese Quittung mit ins Grab legen, und wenn ich einst dort oben, am Tage des Gerichts, Rechenschaft geben muß von meinen Taten, dann werde ich mit dieser Quittung in der Hand vor den Stuhl der Allmacht treten, und wenn mein böser Engel die bösen Handlungen, die ich auf dieser Welt begangen habe, vorgelesen, und mein guter Engel auch die Liste von meinen guten Handlungen ablesen will, dann sag ich ruhig: Schweig! – ich will nur wissen, ist diese Quittung richtig? ist das die Handschrift von Christian Hinrich Klotz? Dann kommt ein ganz kleiner Engel herangeflogen, und sagt, er kenne ganz genau Klötzchens Handschrift, und er erzählt zugleich die merkwürdige Geschichte von der Ehrlichkeit, die ich mal begangen habe. Der Schöpfer der Ewigkeit aber, der Allwissende der alles weiß, erinnert sich an diese Geschichte, und er lobt mich in Gegenwart von Sonne, Mond und Sternen, und berechnet gleich im Kopf, daß wenn meine bösen Handlungen von 50.000 Mark Ehrlichkeit abgezogen werden, mir noch ein Saldo zugut kommt, und er sagt dann: Hirsch! ich ernenne dich zum Engel erster Klasse, und du darfst Flügel tragen mit rot und weißen Federn.

Aus: *Die Bäder von Lucca,* Kapitel 1–10

In diesem Augenblick freilich sind die meisten Völker noch
darauf hingewiesen ihr Nationalgefühl auszubilden oder vielmehr auszubeuten, um zur innern Einheit, zur Zentralisation
ihrer Kräfte zu gelangen und somit auch nach außen den
bedrohlichen Nachbarn gegenüber zu erstarken. Aber das
Nationalgefühl ist nur Mittel zum Zweck, es wird wieder
erlöschen, sobald dieser erreicht ist, und es hat keine so große
Zukunft wie jenes Bewußtsein des Weltbürgertums, das von
den edelsten Geistern des 18ten Jahrhunderts proklamiert
worden und früh oder spät, aber auf immer, auf ewig zur
Herrschaft gelangen muß. Wie tief dieser Kosmopolitismus
in den Herzen der Franzosen wurzelt, das beurkundete sich
recht sichtbar bei Gelegenheit des Hamburger Brandes. Die
Partei der Menschheit hat da einen großen Triumph gefeiert.
Es übersteigt alle Begriffe, wie gewaltig das Mitgefühl hier
alle Volksklassen erfaßte, als sie von dem Unglück hörten,
das jene ferne deutsche Stadt betroffen, deren geographische
Lage vielleicht den wenigsten bekannt war. Ja, bei solchen
Anlässen zeigt es sich, daß die Völker dieser Erde inniger
verbunden sind, als man da und dort ahnen oder wünschen
mag, und daß bei aller Verschiedenheit der Interessen dennoch eine glühende Bruderliebe in Europa auflodern kann,
wenn die rechte Stunde kommt. Hatte aber die Nachricht
von jenem furchtbaren Brande bei den Franzosen, die gleichzeitig im eignen Hause ein schmerzliches Schrecknis erleb-
ten, die rührendste Sympathie hervorgerufen, so mußte die

Teilnahme in noch stärkerem Grade stattfinden bei den hier wohnenden Deutschen, die ihre Freunde und Verwandten in Hamburg besitzen. Unter den Landsleuten, die sich bei dieser Gelegenheit durch mildtätigen Eifer auszeichneten, muß Hr. James v. Rothschild ganz besonders genannt werden, wie denn überhaupt der Name dieses Hauses immer hervortritt, wo ein Werk der Menschenliebe zu verrichten ist.

Und mein armes Hamburg liegt in Trümmern, und die Orte, die mir so wohl bekannt, mit welchen alle Erinnerungen meiner Jugend so innig verwachsen, sie sind ein rauchender Schutthaufen! Am meisten beklage ich den Verlust jenes Petriturmes – er war über die Kleinlichkeit seiner Umgebung so erhaben! Die Stadt wird bald wieder aufgebaut sein mit neuen gradlinigen Häusern und nach der Schnur gezogenen Straßen, aber es wird doch nicht mehr mein altes Hamburg sein, mein altes, schiefwinklichtes, schlabbriges Hamburg! Der Breitengiebel, wo mein Schuster wohnte und wo ich Austern aß, bei Unbescheiden – ein Raub der Flammen! Der Hamburger Correspondent meldet zwar, daß der Dreckwall sich bald wie ein Phönix aus der Asche erheben werde – aber ach! es wird doch der alte Dreckwall nicht mehr sein! Und das Rathaus – wie oft ergötzte ich mich an den Kaiserbildern, die, aus Hamburger Rauchfleisch gemeißelt, die Fassade zierten! Sind die hoch- und wohlgepuderten Perücken gerettet, die dort den Häuptern der Republik ihr majestätisches Ansehen gaben? Der Himmel bewahre mich in einem Momente wie der jetzige an diesen alten Perücken ein weniges zu zupfen. Im Gegenteil, ich möchte bei dieser Gelegenheit vielmehr bezeugen, daß die Regierung zu Hamburg immer die Regierten übertraf an gutem Willen für gesellschaftlichen

Fortschritt. Das Volk stand hier immer tiefer als seine Stell-
vertreter, worunter Männer von der bedeutendsten Bildung
und Vernünftigkeit. Aber es steht zu hoffen, daß der große
Brand auch die unteren Intelligenzen ein bißchen erleuchtet
haben wird und die ganze hamburgische Bevölkerung jetzt
einsieht, daß der Zeitgeist, der ihr im Unglück seine Wohltat
angedeihen ließ, späterhin nicht mehr durch kleinlichen Krä-
mersinn beleidigt werden darf. Namentlich die bürgerliche
Gleichstellung der verschiedenen Konfessionen wird gewiß
jetzt nicht mehr in Hamburg vertagt werden können. – Wir
wollen das Beste von der Zukunft erwarten; der Himmel
schickt nicht umsonst die großen Prüfungen.

Korrespondenzartikel aus Paris vom 20. Mai 1842

WIEDERSEHEN NACH ZWÖLF JAHREN

CAPUT XIX

Oh, Danton, du hast dich sehr geirrt
Und mußtest den Irrtum büßen!
Mitnehmen kann man das Vaterland
An den Sohlen, an den Füßen.

Das halbe Fürstentum Bückeburg
Blieb mir an den Stiefeln kleben;
So lehmichte Wege habe ich wohl
Noch nie gesehen im Leben.

Zu Bückeburg stieg ich ab in der Stadt,
Um dort zu betrachten die Stammburg,
Wo mein Großvater geboren ward;
Die Großmutter war aus Hamburg.

Ich kam nach Hannover um Mittagzeit,
Und ließ mir die Stiefel putzen.
Ich ging sogleich, die Stadt zu besehn,
Ich reise gern mit Nutzen.

Mein Gott! da sieht es sauber aus!
Der Kot liegt nicht auf den Gassen.
Viel Prachtgebäude sah ich dort,
Sehr imponierende Massen.

Besonders gefiel mir ein großer Platz,
Umgeben von stattlichen Häusern;
Dort wohnt der König, dort steht sein Palast,
Er ist von schönem Äußern
(Nämlich der Palast). Vor dem Portal
Zu jeder Seite ein Schildhaus.
Rotröcke mit Flinten halten dort Wacht,
Sie sehen drohend und wild aus.

Mein Cicerone sprach: »Hier wohnt
Der Ernst Augustus, ein alter,
Hochtoryscher Lord, ein Edelmann,
Sehr rüstig für sein Alter.

Idyllisch sicher haust er hier,
Denn besser als alle Trabanten
Beschützet ihn der manglende Mut
Von unseren lieben Bekannten.

Ich seh ihn zuweilen, er klagt alsdann,
Wie gar langweilig das Amt sei,
Das Königsamt, wozu er jetzt
Hier in Hannover verdammt sei.

An großbritannisches Leben gewöhnt,
Sei es ihm hier zu enge,
Ihn plage der Spleen, er fürchte schier,
Er halt es nicht aus auf die Länge.

Vorgestern fand ich ihn traurig gebückt
Am Kamin, in der Morgenstunde;
Er kochte höchstselbst ein Lavement
Für seine kranken Hunde.«

Von Harburg fuhr ich in einer Stund
Nach Hamburg. Es war schon Abend.
Die Sterne am Himmel grüßten mich,
Die Luft war lind und labend.

Und als ich zu meiner Frau Mutter kam,
Erschrak sie fast vor Freude;
Sie rief: »mein liebes Kind!« und schlug
Zusammen die Hände beide.

»Mein liebes Kind, wohl dreizehn Jahr
Verflossen unterdessen!
Du wirst gewiß sehr hungrig sein –
Sag an, was willst du essen?

Ich habe Fisch und Gänsefleisch
Und schöne Apfelsinen.«
So gib mir Fisch und Gänsefleisch
Und schöne Apfelsinen.

Und als ich aß mit großem Apptit,
Die Mutter ward glücklich und munter,
Sie frug wohl dies, sie frug wohl das,
Verfängliche Fragen mitunter.

»Mein liebes Kind! und wirst du auch
Recht sorgsam gepflegt in der Fremde?
Versteht deine Frau die Haushaltung,
Und flickt sie dir Strümpfe und Hemde?«

Der Fisch ist gut, lieb Mütterlein,
Doch muß man ihn schweigend verzehren;
Man kriegt so leicht eine Grät in den Hals,
Du darfst mich jetzt nicht stören.
Und als ich den braven Fisch verzehrt,
Die Gans ward aufgetragen.
Die Mutter frug wieder wohl dies, wohl das,
Mitunter verfängliche Fragen.

»Mein liebes Kind! in welchem Land
Läßt sich am besten leben?
Hier oder in Frankreich? und welchem Volk
Wirst du den Vorzug geben?«

Die deutsche Gans, lieb Mütterlein,
Ist gut, jedoch die Franzosen,
Sie stopfen die Gänse besser als wir,
Auch haben sie bessere Saucen. –

Und als die Gans sich wieder empfahl,
Da machten ihre Aufwartung
Die Apfelsinen, sie schmeckten so süß,
Ganz über alle Erwartung.

Die Mutter aber fing wieder an
Zu fragen sehr vergnüglich,
Nach tausend Dingen, mitunter sogar
Nach Dingen die sehr anzüglich.

»Mein liebes Kind! wie denkst du jetzt?
Treibst du noch immer aus Neigung
Die Politik? Zu welcher Partei
Gehörst du mit Überzeugung?«

Die Apfelsinen, lieb Mütterlein,
Sind gut, und mit wahrem Vergnügen
Verschlucke ich den süßen Saft
Und ich lasse die Schalen liegen.

CAPUT XXI

Die Stadt, zur Hälfte abgebrannt,
Wird aufgebaut allmählich;
Wie'n Pudel, der halb geschoren ist,
Sieht Hamburg aus, trübselig.

Gar manche Gassen fehlen mir,
Die ich nur ungern vermisse –
Wo ist das Haus, wo ich geküßt
Der Liebe erste Küsse?

Wo ist die Druckerei, wo ich
Die Reisebilder druckte?
Wo ist der Austerkeller, wo ich
Die ersten Austern schluckte?

Und der Dreckwall, wo ist der Dreckwall hin?
Ich kann ihn vergeblich suchen!
Wo ist der Pavillon, wo ich
Gegessen so manchen Kuchen?

Wo ist das Rathaus, worin der Senat
Und die Bürgerschaft gethronet?
Ein Raub der Flammen! Die Flamme hat
Das Heiligste nicht verschonet.

Die Leute seufzten noch vor Angst,
Und mit wehmütgem Gesichte
Erzählten sie mir vom großen Brand
Die schreckliche Geschichte:

»Es brannte an allen Ecken zugleich,
Man sah nur Rauch und Flammen!
Die Kirchentürme loderten auf
Und stürzten krachend zusammen.
Die alte Börse ist verbrannt,
Wo unsere Väter gewandelt,
Und mit einander Jahrhunderte lang
So redlich als möglich gehandelt.

Die Bank, die silberne Seele der Stadt,
Und die Bücher wo eingeschrieben
Jedweden Mannes Banko-Wert,
Gottlob! sie sind uns geblieben!

Gottlob! man kollektierte für uns
Selbst bei den fernsten Nationen –
Ein gutes Geschäft – die Kollekte betrug
Wohl an die acht Millionen.

Aus allen Ländern floß das Geld
In unsre offnen Hände,
Auch Viktualien nahmen wir an,
Verschmähten keine Spende.

Man schickte uns Kleider und Betten genug,
Auch Brot und Fleisch und Suppen!
Der König von Preußen wollte sogar
Uns schicken seine Truppen.

Der materielle Schaden ward
Vergütet, das ließ sich schätzen –
Jedoch den Schrecken, unseren Schreck,
Den kann uns niemand ersetzen!«

Aufmunternd sprach ich: Ihr lieben Leut,
Ihr müßt nicht jammern und flennen;
Troja war eine bessere Stadt,
Und mußte doch verbrennen.

Baut eure Häuser wieder auf
Und trocknet eure Pfützen,
Und schafft euch beßre Gesetze an
Und beßre Feuerspritzen.

Gießt nicht zuviel Cayenne-Piment
In eure Mockturtlesuppen,
Auch eure Karpfen sind euch nicht gesund,
Ihr kocht sie so fett mit den Schuppen.

Kalkuten schaden euch nicht viel,
Doch hütet euch vor der Tücke
Des Vogels, der sein Ei gelegt
In des Bürgermeisters Perücke. – –

Wer dieser fatale Vogel ist,
Ich brauch es euch nicht zu sagen –
Denk ich an ihn, so dreht sich herum
Das Essen in meinem Magen.

CAPUT XXII

Noch mehr verändert als die Stadt
Sind mir die Menschen erschienen,
Sie gehn so betrübt und gebrochen herum,
Wie wandlende Ruinen.

Die Mageren sind noch dünner jetzt,
Noch fetter sind die Feisten,
Die Kinder sind alt, die Alten sind
Kindisch geworden, die meisten.

Gar manche, die ich als Kälber verließ,
Fand ich als Ochsen wieder;
Gar manches kleine Gänschen ward
Zur Gans mit stolzem Gefieder.

Die alte Gudel fand ich geschminkt
Und geputzt wie eine Sirene;
Hat schwarze Locken sich angeschafft
Und blendend weiße Zähne.

Am besten hat sich konserviert
Mein Freund, der Papierverkäufer;
Sein Haar ward gelb und umwallt sein Haupt,
Sieht aus wie Johannes der Täufer.

Den **** den sah ich nur von fern,
Er huschte mir rasch vorüber;
Ich höre, sein Geist ist abgebrannt
Und war versichert bei Biber.

Auch meinen alten Zensor sah
Ich wieder. Im Nebel, gebücket,
Begegnet er mir auf dem Gänsemarkt,
Schien sehr darnieder gedrücket.

Wir schüttelten uns die Hände, es schwamm
Im Auge des Manns eine Träne.
Wie freute er sich, mich wieder zu sehn!
Es war eine rührende Szene. –

Nicht alle fand ich. Mancher hat
Das Zeitliche gesegnet.
Ach! meinem Gumpelino sogar
Bin ich nicht mehr begegnet.

Der Edle hatte ausgehaucht
Die große Seele soeben,
Und wird als verklärter Seraph jetzt
Am Throne Jehovahs schweben.

Vergebens suchte ich überall
Den krummen Adonis, der Tassen
Und Nachtgeschirr von Porzellan
Feil bot in Hamburgs Gassen.

Sarras, der treue Pudel, ist tot.
Ein großer Verlust! Ich wette,
Daß Campe lieber ein ganzes Schock
Schriftsteller verloren hätte. – –

Die Population des Hamburger Staats
Besteht, seit Menschengedenken,
Aus Juden und Christen; es pflegen auch
Die letztren nicht viel zu verschenken.

Die Christen sind alle ziemlich gut,
Auch essen sie gut zu Mittag,
Und ihre Wechsel bezahlen sie prompt,
Noch vor dem letzten Respittag.

Die Juden teilen sich wieder ein
In zwei verschiedne Parteien;
Die Alten gehn in die Synagog,
Und in den Tempel die Neuen.

Die Neuen essen Schweinefleisch,
Zeigen sich widersetzig,
Sind Demokraten; die Alten sind
Vielmehr aristokrätzig.

Ich liebe die Alten, ich liebe die Neun –
Doch schwör ich, beim ewigen Gotte,
Ich liebe gewisse Fischchen noch mehr,
Man heißt sie geräucherte Sprotte.

CAPUT XXIII

Als Republik war Hamburg nie
So groß wie Venedig und Florenz,
Doch Hamburg hat bessere Austern; man speist
Die besten im Keller von Lorenz.

Es war ein schöner Abend, als ich
Mich hinbegab mit Campen;
Wir wollten mit einander dort
In Rheinwein und Austern schlampampen.

Auch gute Gesellschaft fand ich dort,
Mit Freude sah ich wieder
Manch alten Genossen, zum Beispiel Chaufepié,
Auch manche neue Brüder.

Da war der Wille, dessen Gesicht
Ein Stammbuch, worin mit Hieben
Die akademischen Feinde sich
Recht leserlich eingeschrieben.

Da war der Fucks, ein blinder Heid
Und persönlicher Feind des Jehovah,
Glaubt nur an Hegel und etwa noch
An die Venus des Canova.

Mein Campe war Amphitryo
Und lächelte vor Wonne;
Sein Auge strahlte Seligkeit,
Wie eine verklärte Madonne.

Ich aß und trank, mit gutem Apptit,
Und dachte in meinem Gemüte:
»Der Campe ist wirklich ein großer Mann,
Ist aller Verleger Blüte.
Ein andrer Verleger hätte mich
Vielleicht verhungern lassen,
Der aber gibt mir zu trinken sogar;
Werde ihn niemals verlassen.

Ich danke dem Schöpfer in der Höh,
Der diesen Saft der Reben
Erschuf, und zum Verleger mir
Den Julius Campe gegeben!

Ich danke dem Schöpfer in der Höh,
Der, durch sein großes Werde,
Die Austern erschaffen in der See
Und den Rheinwein auf der Erde!

Der auch Zitronen wachsen ließ,
Die Austern zu betauen –
Nun laß mich, Vater, diese Nacht
Das Essen gut verdauen!«

Der Rheinwein stimmt mich immer weich,
Und löst jedwedes Zerwürfnis
In meiner Brust, entzündet darin
Der Menschenliebe Bedürfnis.

Es treibt mich aus dem Zimmer hinaus,
Ich muß in den Straßen schlendern;
Die Seele sucht eine Seele und späht
Nach zärtlich weißen Gewändern.

In solchen Momenten zerfließe ich fast
Vor Wehmut und vor Sehnen;
Die Katzen scheinen mir alle grau,
Die Weiber alle Helenen. – – –

Und als ich auf die Drehbahn kam,
Da sah ich im Mondenschimmer
Ein hehres Weib, ein wunderbar
Hochbusiges Frauenzimmer.

Ihr Antlitz war rund und kerngesund,
Die Augen wie blaue Turkoasen,
Die Wangen wie Rosen, wie Kirschen der Mund
Auch etwas rötlich die Nase.

Ihr Haupt bedeckte eine Mütz
Von weißem gesteiftem Linnen,
Gefältelt wie eine Mauerkron,
Mit Türmchen und zackigen Zinnen.

Sie trug eine weiße Tunika,
Bis an die Waden reichend.
Und welche Waden! Das Fußgestell
Zwei dorischen Säulen gleichend.

Die weltlichste Natürlichkeit
Konnt man in den Zügen lesen;
Doch das übermenschliche Hinterteil
Verriet ein höheres Wesen.

Sie trat zu mir heran und sprach:
»Willkommen an der Elbe,
Nach dreizehnjährger Abwesenheit –
Ich sehe du bist noch derselbe!

Du suchst die schönen Seelen vielleicht,
Die dir so oft begegent
Und mit dir geschwärmt, die Nacht hindurch,
In dieser schönen Gegend.

Das Leben verschlang sie, das Ungetüm,
Die hundertköpfige Hyder;
Du findest nicht die alte Zeit
Und die Zeitgenössinnen wieder!

Du findest die holden Blumen nicht mehr,
Die das junge Herz vergöttert;
Hier blühten sie – jetzt sind sie verwelkt,
Und der Sturm hat sie entblättert.

Verwelkt, entblättert, zertreten sogar
Von rohen Schicksalsfüßen –
Mein Freund, das ist auf Erden das Los
Von allem Schönen und Süßen!«

Wer bist du? – rief ich – du schaust mich an
Wie'n Traum aus alten Zeiten –
Wo wohnst du, großes Frauenbild?
Und darf ich dich begleiten?

Da lächelte das Weib und sprach:
»Du irrst dich, ich bin eine feine,
Anständge, moralische Person;
Du irrst dich, ich bin nicht so Eine.

Ich bin nicht so eine kleine Mamsell,
So eine welsche Lorettin –
Denn wisse: ich bin Hammonia,
Hamburgs beschützende Göttin!

Du stutzest und erschreckst sogar,
Du sonst so mutiger Sänger!
Willst du mich noch begleiten jetzt?
Wohlan, so zögre nicht länger.«

Ich aber lachte laut und rief:
Ich folge auf der Stelle –
Schreit du voran, ich folge dir,
Und ging es in die Hölle!

CAPUT XXIV

Wie ich die enge Sahltrepp hinauf
Gekommen, ich kann es nicht sagen;
Es haben unsichtbare Geister mich
Vielleicht hinaufgetragen.

Hier, in Hammonias Kämmerlein,
Verflossen mir schnell die Stunden.
Die Göttin gestand die Sympathie,
Die sie immer für mich empfunden.

»Siehst du« – sprach sie – »in früherer Zeit
War mir am meisten teuer
Der Sänger, der den Messias besang,
Auf seiner frommen Leier.

Dort auf der Kommode steht noch jetzt
Die Büste von meinem Klopstock,
Jedoch seit Jahren dient sie mir
Nur noch als Haubenkopfstock.

Du bist mein Liebling jetzt, es hängt
Dein Bildnis zu Häupten des Bettes;
Und siehst du, ein frischer Lorbeer umkränzt
Den Rahmen des holden Porträtes.

Nur daß du meine Söhne so oft
Genergelt, ich muß es gestehen,
Hat mich zuweilen tief verletzt;
Das darf nicht mehr geschehen.
Es hat die Zeit dich hoffentlich
Von solcher Unart geheilet,
Und dir eine größere Toleranz
Sogar für Narren erteilet.

Doch sprich, wie kam der Gedanke dir,
Zu reisen nach dem Norden
In solcher Jahrzeit? Das Wetter ist
Schon winterlich geworden!«

Oh, meine Göttin! – erwiderte ich –
Es schlafen tief im Grunde
Des Menschenherzens Gedanken, die oft
Erwachen zur unrechten Stunde.

Es ging mir äußerlich ziemlich gut,
Doch innerlich war ich beklommen,
Und die Beklemmnis täglich wuchs –
Ich hatte das Heimweh bekommen.

Die sonst so leichte französische Luft
Sie fing mich an zu drücken;
Ich mußte Atem schöpfen hier
In Deutschland, um nicht zu ersticken.

Ich sehnte mich nach Torfgeruch,
Nach deutschem Tabaksdampfe;
Es bebte mein Fuß vor Ungeduld,
Daß er deutschen Boden stampfe.

Ich seufzte des Nachts, und sehnte mich,
Daß ich sie wiedersähe,
Die alte Frau, die am Dammtor wohnt;
Das Lottchen wohnt in der Nähe.

Auch jenem edlen alten Herrn,
Der immer mich ausgescholten
Und immer großmütig beschützt, auch ihm
Hat mancher Seufzer gegolten.

Ich wollte wieder aus seinem Mund
Vernehmen den »dummen Jungen!«
Das hat mir immer wie Musik
Im Herzen nachgeklungen.

Ich sehnte mich nach dem blauen Rauch,
Der aufsteigt aus deutschen Schornsteinen,
Nach niedersächsischen Nachtigalln,
Nach stillen Buchenhainen.

Ich sehnte mich nach den Plätzen sogar,
Nach jenen Leidensstationen,
Wo ich geschleppt das Jugendkreuz
Und meine Dornenkronen –

Ich wollte weinen wo ich einst
Geweint die bittersten Tränen –
Ich glaube Vaterlandsliebe nennt
Man dieses törigte Sehnen.

Ich spreche nicht gern davon; es ist
Nur eine Krankheit im Grunde.
Verschämten Gemütes, verberge ich stets
Dem Publiko meine Wunde.

Fatal ist mir das Lumpenpack,
Das, um die Herzen zu rühren,
Den Patriotismus trägt zur Schau
Mit allen seinen Geschwüren.

Schamlose schäbbige Bettler sinds,
Almosen wollen sie haben –
Ein'n Pfennig Popularität
Für Menzel und seine Schwaben!

O meine Göttin, du hast mich heut
In weicher Stimmung gefunden;
Bin etwas krank, doch pfleg ich mich,
Und ich werde bald gesunden.

Ja ich bin krank, und du könntest mir
Die Seele sehr erfrischen
Durch eine gute Tasse Tee;
Du mußt ihn mit Rum vermischen.

Die Göttin hat mir Tee gekocht
Und Rum hineingegossen;
Sie selber aber hat den Rum
Ganz ohne Tee genossen.

An meine Schulter lehnte sie
Ihr Haupt, (die Mauerkrone,
Die Mütze, ward etwas zerknittert davon)
Und sie sprach mit sanftem Tone:

»Ich dachte manchmal mit Schrecken dran,
Daß du in dem sittenlosen
Paris so ganz ohne Aufsicht lebst,
Bei jenen frivolen Franzosen.

Du schlenderst dort herum und hast
Nicht mal an deiner Seite
Einen treuen deutschen Verleger, der dich
Als Mentor warne und leite.
Und die Verführung ist dort so groß,
Dort gibt es so viele Sylphiden,
Die ungesund, und gar zu leicht
Verliert man den Seelenfrieden.

Geh nicht zurück und bleib bei uns;
Hier herrschen noch Zucht und Sitte,
Und manches stille Vergnügen blüht
Auch hier, in unserer Mitte.

Bleib bei uns in Deutschland, es wird dir hier
Jetzt besser als ehmals munden;
Wir schreiten fort, du hast gewiß
Den Fortschritt selbst gefunden.

Auch die Zensur ist nicht mehr streng,
Hoffmann wird älter und milder,
Und streicht nicht mehr mit Jugendzorn
Dir deine Reisebilder.

Du selbst bist älter und milder jetzt,
Wirst dich in manches schicken,
Und wirst sogar die Vergangenheit
In besserem Lichte erblicken.

Ja, daß es uns früher so schrecklich ging,
In Deutschland, ist Übertreibung;
Man konnte entrinnen der Knechtschaft, wie einst
In Rom, durch Selbstentleibung.

Gedankenfreiheit genoß das Volk,
Sie war für die großen Massen,
Beschränkung traf nur die gringe Zahl
Derjengen, die drucken lassen.

Gesetzlose Willkür herrschte nie,
Dem schlimmsten Demagogen
Ward niemals ohne Urteilspruch
Die Staatskokarde entzogen.

So übel war es in Deutschland nie,
Trotz aller Zeitbedrängnis –
Glaub mir, verhungert ist nie ein Mensch
In einem deutschen Gefängnis.

Es blühte in der Vergangenheit
So manche schöne Erscheinung
Des Glaubens und der Gemütlichkeit;
Jetzt herrscht nur Zweifel, Verneinung.

Die praktische äußere Freiheit wird einst
Das Ideal vertilgen,
Das wir im Busen getragen – es war
So rein wie der Traum der Lilien!

Auch unsre schöne Poesie
Erlischt, sie ist schon ein wenig
Erloschen; mit andren Königen stirbt
Auch Freiligraths Mohrenkönig.

Der Enkel wird essen und trinken genug,
Doch nicht in beschaulicher Stille;
Es poltert heran ein Spektakelstück,
Zu Ende geht die Idylle.

O, könntest du schweigen, ich würde dir
Das Buch des Schicksals entsiegeln,
Ich ließe dir spätere Zeiten sehn
In meinen Zauberspiegeln.

Was ich den sterblichen Menschen nie
Gezeigt, ich möcht es dir zeigen:
Die Zukunft deines Vaterlands –
Doch ach! du kannst nicht schweigen!«

Mein Gott, o Göttin! – rief ich entzückt –
Das wäre mein größtes Vergnügen,
Laß mich das künftige Deutschland sehn –
Ich bin ein Mann und verschwiegen.

Ich will dir schwören jeden Eid,
Den du nur magst begehren,
Mein Schweigen zu verbürgen dir –
Sag an, wie soll ich schwören?

Doch jene erwiderte: »Schwöre mir
In Vater Abrahams Weise,
Wie er Eliesern schwören ließ,
Als dieser sich gab auf die Reise.

Heb auf das Gewand und lege die Hand
Hier unten an meine Hüften,
Und schwöre mir Verschwiegenheit
In Reden und in Schriften!«

Ein feierlicher Moment! Ich war
Wie angeweht vom Hauche
Der Vorzeit, als ich schwur den Eid,
Nach uraltem Erzväterbrauche.

Ich hob das Gewand der Göttin auf
Und legte an ihre Hüften
Die Hand, gelobend Verschwiegenheit
In Reden und in Schriften.

CAPUT XXVI

Die Wangen der Göttin glühten so rot,
(Ich glaube in die Krone
Stieg ihr der Rum) und sie sprach zu mir
In sehr wehmütigem Tone:

»Ich werde alt. Geboren bin ich
Am Tage von Hamburgs Begründung.
Die Mutter war Schellfischkönigin
Hier an der Elbe Mündung.

Mein Vater war ein großer Monarch,
Carolus Magnus geheißen,
Er war noch mächtger und klüger sogar
Als Friedrich der Große von Preußen.

Der Stuhl ist zu Aachen, auf welchem er
Am Tage der Krönung ruhte;
Den Stuhl worauf er saß in der Nacht,
Den erbte die Mutter, die gute.

Die Mutter hinterließ ihn mir,
Ein Möbel von scheinlosem Äußern,
Doch böte mir Rothschild all sein Geld,
Ich würde ihn nicht veräußern.

Siehst du, dort in dem Winkel steht
Ein alter Sessel, zerrissen
Das Leder der Lehne, von Mottenfraß
Zernagt das Polsterkissen.

Doch gehe hin und hebe auf
Das Kissen von dem Sessel,
Du schaust eine runde Öffnung dann,
Darunter einen Kessel –
Das ist ein Zauberkessel worin
Die magischen Kräfte brauen,
Und steckst du in die Ründung den Kopf,
So wirst du die Zukunft schauen –

Die Zukunft Deutschlands erblickst du hier,
Gleich wogenden Phantasmen,
Doch schaudre nicht, wenn aus dem Wust
Aufsteigen die Miasmen!«

Sie sprachs und lachte sonderbar,
Ich aber ließ mich nicht schrecken,
Neugierig eilte ich den Kopf
In die furchtbare Ründung zu stecken.

Was ich gesehn, verrate ich nicht,
Ich habe zu schweigen versprochen,
Erlaubt ist mir zu sagen kaum,
O Gott! was ich gerochen! – – –

Ich denke mit Widerwillen noch
An jene schnöden, verfluchten
Vorspielgerüche, das schien ein Gemisch
Von altem Kohl und Juchten.

Entsetzlich waren die Düfte, o Gott!
Die sich nachher erhuben;
Es war, als fegte man den Mist
Aus sechsunddreißig Gruben. – – –

Ich weiß wohl was Saint-Just gesagt
Weiland im Wohlfahrtsausschuß:
Man heile die große Krankheit nicht
Mit Rosenöl und Moschus –

Doch dieser deutsche Zukunftsduft
Mocht alles überragen,
Was meine Nase je geahnt –
Ich konnt es nicht länger ertragen – – –

Mir schwanden die Sinne, und als ich aufschlug
Die Augen, saß ich an der Seite
Der Göttin noch immer, es lehnte mein Haupt
An ihre Brust, die breite.

Es blitzte ihr Blick, es glühte ihr Mund,
Es zuckten die Nüstern der Nase,
Bacchantisch umschlang sie den Dichter und sang
Mit schauerlich wilder Ekstase:

»Bleib bei mir in Hamburg, ich liebe dich,
Wir wollen trinken und essen
Den Wein und die Austern der Gegenwart,
Und die dunkle Zukunft vergessen.

Den Deckel darauf! damit uns nicht
Der Mißduft die Freude vertrübet –
Ich liebe dich, wie je ein Weib
Einen deutschen Poeten geliebet!

Ich küsse dich, und ich fühle wie mich
Dein Genius begeistert;
Es hat ein wunderbarer Rausch
Sich meiner Seele bemeistert.

Mir ist, als ob ich auf der Straß
Die Nachtwächter singen hörte –
Es sind Hymenäen, Hochzeitmusik,
Mein süßer Lustgefährte!

Jetzt kommen die reitenden Diener auch,
Mit üppig lodernden Fackeln,
Sie tanzen ehrbar den Fackeltanz,
Sie springen und hüpfen und wackeln.

Es kommt der hoch- und wohlweise Senat,
Es kommen die Oberalten;
Der Bürgermeister räuspert sich
Und will eine Rede halten.

In glänzender Uniform erscheint
Das Korps der Diplomaten;
Sie gratulieren mit Vorbehalt
Im Namen der Nachbarstaaten.

Es kommt die geistliche Deputation,
Rabbiner und Pastöre –
Doch ach! da kommt der Hoffmann auch
Mit seiner Zensorschere!

Die Schere klirrt in seiner Hand,
Es rückt der wilde Geselle
Dir auf den Leib – Er schneidet ins Fleisch –
Es war die beste Stelle.«

Aus: *Deutschland. Ein Wintermärchen*

AFFRONTENBURG

Die Zeit verfließt, jedoch das Schloß,
Das alte Schloß mit Turm und Zinne
Und seinem blöden Menschenvolk,
Es kommt mir nimmer aus dem Sinne.

Ich sehe stets die Wetterfahn,
Die auf dem Dach sich rasselnd drehte.
Ein jeder blickte scheu hinauf,
Bevor er nur den Mund auftäte.

Wer sprechen wollt, erforschte erst
Den Wind, aus Furcht, es möchte plötzlich
Der alte Brummbär Boreas
Anschnauben ihn nicht sehr ergötzlich.

Die Klügsten freilich schwiegen ganz –
Denn ach, es gab an jenem Orte
Ein Echo, das im Wiederklatsch
Boshaft verfälschte alle Worte.

Inmitten im Schloßgarten stand
Ein sphinxgezierter Marmorbronnen,
Der immer trocken war, obgleich
Gar manche Träne dort geronnen.

Vermaledeiter Garten! Ach,
Da gab es nirgends eine Stätte,
Wo nicht mein Herz gekränket ward,
Wo nicht mein Aug geweinet hätte.

Da gabs wahrhaftig keinen Baum,
Worunter nicht Beleidigungen
Mir zugefüget worden sind
Von feinen und von groben Zungen.

Die Kröte, die im Gras gelauscht,
Hat alles mitgeteilt der Ratte,
Die ihrer Muhme Viper gleich
Erzählt, was sie vernommen hatte.

Die hats gesagt dem Schwager Frosch –
Und solcherweis erfahren konnte
Die ganze schmutzge Sippschaft stracks
Die mir erwiesenen Affronte.

Des Gartens Rosen waren schön,
Und lieblich lockten ihre Düfte;
Doch früh hinwelkend starben sie
An einem sonderbaren Gifte.

Zu Tod ist auch erkrankt seitdem
Die Nachtigall, der edle Sprosser,
Der jenen Rosen sang sein Lied; –
Ich glaub, vom selben Gift genoß er.

Vermaledeiter Garten! Ja,
Es war, als ob ein Fluch drauf laste;
Manchmal am hellen lichten Tag
Mich dort Gespensterfurcht erfaßte.

Mich grinste an der grüne Spuk,
Er schien mich grausam zu verhöhnen,
Und aus den Taxusbüschen drang
Alsbald ein Ächzen, Röcheln, Stöhnen.

Am Ende der Allee erhob
Sich die Terrasse, wo die Wellen
Der Nordsee, zu der Zeit der Flut,
Tief unten am Gestein zerschellen.

Dort schaut man weit hinaus ins Meer.
Dort stand ich oft in wilden Träumen.
Brandung war auch in meiner Brust –
Das war ein Tosen, Rasen, Schäumen –

Ein Schäumen, Rasen, Tosen wars,
Ohnmächtig gleichfalls wie die Wogen,
Die kläglich brach der harte Fels,
Wie stolz sie auch herangezogen.

Mit Neid sah ich die Schiffe ziehn
Vorüber nach beglückten Landen –
Doch mich hielt das verdammte Schloß
Gefesselt in verfluchten Banden.

Aus: *Gedichte. 1853 und 1854.*

Textzitate wurden der von Manfred Windfuhr edierten historisch-kritischen Gesamtausgabe der Werke Heinrich Heines (16 Bände, Hamburg: Hoffmann und Campe Verlag 1973–1996), Briefzitate der von der Stiftung Weimarer Klassik und dem Centre National de la Recherche Scientifique in Paris herausgegebenen Säkularausgabe (Berlin: Akademie Verlag, Paris: Éditions du CNRS 1970 ff.) entnommen.

Druckversehen und irrtümliche Entzifferungen wurden korrigiert; die Orthographie wurde unter Wahrung des Lautstandes der heutigen Rechtschreibung angenähert. Die Kapitelüberschriften wurden vom Herausgeber eingefügt.

ZUM AUTOR

Heinrich Heine, geboren am 13. Dezember 1797 (Datum unsicher) in Düsseldorf, gestorben am 17. Februar 1856 in Paris. Schulzeit und kaufmännische Ausbildung in Düsseldorf, Frankfurt und Hamburg; anschließend Jurastudium in Bonn, Berlin und Göttingen. 1825 Promotion zum Dr. jur., 1831 Übersiedlung nach Paris. Seit 1841 verheiratet mit Augustine (genannt – Mathilde) Mirat. Wichtige Publikationen: *Buch der Lieder* (1827), *Reisebilder* (4 Bde., 1826–1831), *Der Salon* (4 Bde., 1833–1840), *Ludwig Börne. Eine Denkschrift* (1840), *Neue Gedichte, Deutschland. Ein Wintermärchen* (1844), *Atta Troll. Ein Sommernachtstraum* (1847), *Romanzero* (1851), *Vermischte Schriften* (3 Bde., 1854), *Memoiren* (posthum 1884).

ZUM HERAUSGEBER

Jan-Christoph Hauschild, Studium der Germanistik und Geschichte, 1984 Promotion, 1980–1986 Redakteur der historisch-kritischen Heine-Ausgabe, Wissenschaftlicher Mitarbeiter am Heinrich-Heine-Institut der Landeshauptstadt Düsseldorf und freier Autor. Im Verlag Hoffmann und Campe sind u.a. von ihm erschienen: *Das Heine Liederbuch. Noten – Texte – Kommentare* (hrsg. zusammen mit Babette Dorn), 2005; *Georg Büchner. Verschwörung für die Gleichheit*, 2013. Er ist Herausgeber der Heine-Anthologien *Musik, das edle Ungetüm*, 2012, und *O wie lieb ich das Meer*, 2013 sowie der Gedichtauswahl *Was bedeuten gelbe Rosen?*, 2013.